Matthias Knierim
Busfahren ist menschlich

D1722015

Matthias Knierim
Busfahren ist menschlich

Eine Irrfahrt mit 15 Haltestellen

R. G. FISCHER
INTERBOOKs

Die Handlung dieser Erzählungen sowie die darin vorkommenden Personen sind frei erfunden; eventuelle Ähnlichkeiten mit realen Begebenheiten und tatsächlich lebenden oder bereits verstorbenen Personen wären rein zufällig.

Bibliografische Information der Deutschen Nationalbibliothek
Die Deutsche Nationalbibliothek verzeichnet diese Publikation in der Deutschen Nationalbibliografie; detaillierte bibliografische Daten sind im Internet über http://dnb.d-nb.de abrufbar.

FM 1 EC
© 2013 by R.G.Fischer Verlag
Orber Str. 30, D-60386 Frankfurt/Main
Alle Rechte vorbehalten
Titelbild: Herby (Herbert) Me © www.fotolia.de
Schriftart: Palatino 12°
Herstellung: RGFC/bf
ISBN 978-3-8301-1567-0

Meinem Bruder Thomas

Inhalt

INFORMANTEN

Der leere Bus flog förmlich über die Landstraße. Ich hatte Verspätung.

Typisch.

Da soll sich jemand wundern. Bei den neuen Fahrplänen! Bereits bei der Fahrt zuvor hatten sich einige Fahrgäste beschwert!

»Mussten Sie hier unbedingt anhalten?«, fragten einige vorwurfsvoll im vollbesetzten Bus.

Dabei konnte jedermann doch sehen, dass der Berufsverkehr gerade eingesetzt hatte.

Autos dicht an dicht!

Zudem hatte ich eben erst den Bus wieder betreten, nachdem ich nur kurz angehalten hatte, um mir in der Bäckerei einen Kaffee zu holen, für den ich heute 10 Minuten Schlange stehen musste.

Unverschämtheit.

Ich wandte mich von den Ewignörglern dieser Welt ab und schaute in den Rückspiegel.

Ts.

In der engen Einbahnstraße hinter mir hatte sich sowieso ein endloser Stau gebildet.

Aber das war alles jetzt schon Vergangenheit. Ich war im Moment unterwegs in einer neuen Mission.

Gleich würde ich mein Ziel erreicht haben, Dienstagmorgen um 7.10 Uhr. Schüler auf dem Weg zur Schule.

Ich bremste gerade noch rechtzeitig vor der Menschen-

traube an der Haltestelle ab und versuchte darauf zu achten, dass ich niemandem die gestylte Frisur mit dem rechten Außenspiegel ruinieren würde.
Vielleicht würde mir das heute gelingen.
Dem nachfolgenden Verkehr bewies ich meine Professionalität durch gekonntes Drücken auf den Warnblinkerknopf und genoss die letzten Meter des rollenden Busses.

Das Schauspiel, das sich mir regelmäßig bei solchen Gelegenheiten bot, ergriff völlig Besitz von mir. Schon des Öfteren hatte ich dann darüber nachgedacht, zum Darwinismus zu konvertieren.
Vor der Bustür spielte sich der Kampf ums Dasein ab.
Ich stoppte und verharrte weitere dreißig Sekunden fasziniert.
Die Schüler waren offensichtlich intensiv mit dem Zielgedanken beschäftigt, als Erste den Innenraum zu erobern, um die begehrten 4er-Plätze für sich und die heute ausgewählten 3 anderen Waffenbrüder zu sichern.
Es geht hier nicht nur um Leben und Tod.
Es geht um den 4er-Platz.
Fairerweise muss man hinzufügen, dass sich die Kids trotz konzentrierter Prügelei und trotz zerkratzten Gesichtern ein Kichern nicht verkneifen konnten. Ich blieb also ruhig.
Ich hatte meinen Platz ja schon.
Viele der Älteren standen zudem völlig gelassen neben der Szene. Sie hatten im Laufe des Lebens schon viel

mitgemacht. Erfahrung macht weise und bedächtig. Was soll die ewige Rennerei? Sie wussten, dass sie jetzt nur noch einen Stehplatz brauchen.

Am besten mit Licht. Damit sie von irgendjemandem noch einige Hausaufgaben abschreiben können.

Voller barmherziger Erinnerung drückte ich den Schalter für das Innenlicht, dann öffnete ich der geschundenen Meute die Tür.

Binnen Sekunden war der Bus voll. Die Möglichkeit zur Bewegung im Fahrgastraum existierte nur noch in den Vorschriften. Ich schloss die Türen, fuhr los und verspürte ein gewisses Gefühl der »verschworenen Gemeinschaft«. Alle in einem Bus. Gedankenverloren tastete ich mit der Hand nach meiner Schultüte …

Kurz darauf stellte sich heraus, dass der Erwerb der Zeitung, die ich vorhin noch mit mühsam verdientem Geld in der Bäckerei erkauft hatte, eine Fehlinvestition war. Denn mitten unter Rufen, Wortfetzen, Stimmungen, Geschichten und Meinungen war ich deutlich besser und deutlich kostengünstiger informiert.

Natürlich bemühte ich mich um einen möglichst stumpfsinnigen Blick, um der Ehre meines Berufsstandes treu zu bleiben und entschlossene Interesselosigkeit zu signalisieren. Aber meine Ohren waren weit, weit offen für die vertraulichsten Informationen über den neusten Nagellack von Laura, die sie dicht gepresst an Anna, Vanessa und Sandra nur ihrer besten Freundin Clarissa preisgab (was für mich eine erlösende Ratgeberquelle für die Erziehung meiner eigenen Tochter bedeutete), dann etwas über die technischen

11

Daten der neuen E-Klasse aus der organischen Klebe-
masse der Jungs, wer gestern Abend den VfB besiegt
hatte, ob Michael Schumacher noch bekannt ist und
die pikanten Details des Besuches des SPD-Abgeord-
neten Kohlstetter im Supermarkt, dem man schon sein
einiger Zeit eine schwule Tendenz nachsagte.

Ein seltsamer Adrenalinschauer durchzog meine
Nervenfasern und ich umfasste das Lenkrad mit un-
trüglichem Durchblick. Ich fühlte mich irgendwie …
undercover …

Plötzlich hörte ich unter dem allgemein gemurmelten
Gejohle den Klang des Wortes »Busfahrer«. Ohne
einen Anflug von Neugier schob ich meinen Fahrersitz
etwas nach hinten. Leider konnte ich noch immer
nichts verstehen.

Vor uns bildete sich unerwartet ein kleiner Stau. Ich
musste bremsen. Der »Busfahrer«-Erzähler stolperte
dadurch, rutschte etwas nach vorne und ich konnte
deutlich seine Worte hören: »Ja, genau. Der idiotische
Busfahrer von gestern.«

Aha. Möglicherweise ein Regimegegner.

Der Verkehr vor mir kam wieder in Bewegung. Mist.
Die Verständigung war unterbrochen. Ich drückte das
Gaspedal, musste aber wieder hart abbremsen, da das
vorausfahrende Fahrzeug erneut hielt.

Der Kontakt war wieder da. Jetzt hatte ich begriffen.

Ich entspannte mich, fuhr wieder leicht an, als der Stau
sich nun aufzulösen begann, und bremste rein zufällig
und ohne jeden Grund wieder.

Nur deutlich stärker. Was zur Folge hatte, dass der

Bericht noch besser zu mir durchgestellt wurde und die ersten Schüler die Windschutzscheibe erreichten.

»Und dann hat er noch gemeint, dass wir Frau Merkel gefälligst in Ruhe lassen sollen. Sie wäre seine Freundin.« Spöttisches Gemurmel.

Interessant!

Frau Merkel. Wer hätte das gedacht.

Irgendwie wusste ich es doch schon lange. Die steinernen Gesichtszüge auf den Fotos der Zeitungen. Sie hat was zu verbergen. Nun wusste ich Bescheid.

Ein echter Knaller.

Eine Affäre mit einem meiner Kollegen.

Ich fuhr wieder leicht an, um direkt danach wieder das tolle Pedal zu benutzen. Vor mir fuhr kein einziges Auto.

Ich erfuhr aufgrund dieser ausgeklügelten Spezialtaktik innerhalb der nächsten Minuten, dass nach Ansicht der Schüler die Bundeskanzlerin im Hinblick auf die Schuldenkrise in Mikronesien völlig versagt hatte.

Der Kollege hatte sie vehement verteidigt, weil er behauptete, sie hätte ganz richtig erkannt, dass Mikronesien in Bälde eine dominante Position im europäischen Parlament erstreiten würde.

Klar. Witzbold. Aber mir konnte er nichts vormachen. Ich hatte längst verstanden. Er hatte es im Grunde wohl nur darauf abgesehen, mit Angie durchzubrennen, um mit ihr wahrscheinlich irgendeine Dynastie zu gründen.

Und zwar in Mikronesien!

Außerdem konnte ich mir längst denken, um welchen Kollegen es sich handelte.

Der mit dem stumpfsinnigen Blick.

Zufrieden schob ich den Sitz wieder nach vorne. Ich hatte meine Beweise. Dann atmete ich tief durch.

Nach 20 Minuten war die Fahrt mühelos gleitend und voll besetzt verlaufen und ich war gesättigt mit Top-Daten. Gleich würde der Bus die Haltestelle an der Schule erreichen. Ich drehte den Kopf nach rechts und schaute meine Informanten hinter der Absperrung an. Dann griff ich in die Tasche und zog eine Tüte mit Bonbons hervor. Alles hat seinen Lohn.

»Will jemand eins?«

Sie lächelten freundlich in mein desinteressiertes Gesicht und griffen zu.

Der Bus hielt an und ich öffnete die Türen. Totale Leere nach 15 Sekunden. Das vorher noch unter schweren Verlusten erkämpfte Terrain war vergessen.

Ich blieb auf meinem Sitz zurück und blickte ihnen wissend nach.

Von wegen Busfahrer.

Der BND wird sich freuen.

KAROTTE, ERRETTE!

Es gibt natürlich Unterschiede zwischen Lkw-Fahrern und Busfahrern. Zum Beispiel hat der Lkw-Fahrer den Lkw gewählt, weil er lieber allein sein möchte. Der Busfahrer wollte das nicht. Anfangs.

Nachdem ihm die 63-jährige Frau Kleinknecht allerdings schon achtmal von ihrer Nabelhernie erzählte, während sie erst seit drei Minuten neben ihm im Feierabendverkehr steht, sehnt der Busfahrer sich nach einem Berufswechsel. Vor allem, weil Frau Kleinknecht heute bereits die fünfte Fahrt im selben Bus antritt. Dabei gibt es im Bus dieses Schild »Während der Fahrt bitte nicht ...« Aber was nützt das, wenn Frau Kleinknecht ihre Brille nie aufhat.

Nichtsdestotrotz gibt es auch eine Menge Gemeinsamkeiten. Vor allem eine, die ich nun hervorkehren möchte: Beide fahren. Und werden davon müde. Und manchmal schlafen sie dabei ein.

Zum Glück ist das ein gut gehütetes Geheimnis. Denn sie haben – um diesem Dilemma vorzubeugen – spezielle Werkzeuge oder Waffen zur Verteidigung entwickelt.

Zum Beispiel sind sie mit Kaugummi oder mit Kaffee bewaffnet.

Als wirksamste Methode jedoch hat sich die Karotte oder Möhre herauskristallisiert. Die Anwendung ist denkbar einfach. Man kaut auf ihr herum, wenn man ein Schlafbedürfnis verspürt, und zack – man ist wieder fit.

Meine Mutter muss schon früh Einblick in diese Geheimnisse gehabt haben. Seit Kindertagen versorgte sie mich treu und zuverlässig mit Karotten. Sicher in weiser Voraussicht.

Ich kann deshalb nicht mehr von der Karotte lassen. Ohne sie bin ich quasi auf Entzug.

Die Polizei weiß das natürlich alles und hat diese Art der Droge anfangs legalisiert, später dann empfohlen und schließlich sogar vorgeschrieben.

Es gibt polizeiinterne Regelungen für die Mitnahmepflicht von Karotten, die nur für Lkw- oder Busfahrer Geltung haben, und auch nur diese kennen sie. Werden sie von der Polizei kontrolliert, müssen sie mindestens drei funktionsfähige Möhren vorweisen können.

Dabei spielt der Grad der Abhängigkeit des Fahrers keine Rolle.

Unter etlichen Fahrern hat sich diese wirksame und extrem schützende Wunderwaffe schon längst zu einer Religion weiterentwickelt.

Galt sie zunächst als Bewahrerin vor den Abgründen des Schlafes, meinte man schließlich aber auch Eigenschaften der Patronin und Ratgeberin zu entdecken, deren Anwesenheit allein schon heiligend wirkt. Man liest Bücher über sie, klebt Bilder von ihr an die Windschutzscheibe, trägt Karottenketten um den Hals, vergoldet sie, pilgert zu Möhrenfeldern, kniet vor ihr, liest aus ihren Eingeweiden und betet sie an.

In den letzten Wochen verteilte die neue extrem-religiöse Gruppe der Karottisten kostenlose Möhren in den Innenstädten. Diese Gruppe verwirft die überkommene demokratisch-pluralistische Ernährungsordnung und erstrebt eine karottide Gottessaat mit politischer Monokultur.

Man missioniert. In der Karotte liegt das Heil.

Zusammenstöße mit traditionsverwurzelten Ernährungsanhängern waren dann allerdings unvermeidlich. Leider kam es bei einer Gegendemonstration zu Gewalt. Mann gegen Mann, Karotte gegen Pommes. Die Zuhilfenahme schwerer Geschütze, wie Blumenkohl, Kartoffel und Ei, konnte nicht verhindert werden. Die Polizei war zur Sicherung des zivilen Friedens zum Einsatz von Gulaschwerfern gezwungen.

Es erfolgte zum Glück ein gerechtes Strafmaß. Die Demonstranten mussten den Eintopf aufessen.

Heute morgen jedenfalls war ich voll inneren Friedens. Ich hatte vier Karotten bereits am Vorabend vorbereitet, über ihnen meditiert und sie geküsst. Heute würde mir, den Fahrgästen und dem Bus kein Leid widerfahren.

Eigentlich gehöre ich nicht einer dieser religiösen Gruppen an.

Ich finde das – ehrlich gesagt – alles ein bisschen übertrieben.

Dieser ganze Hokuspokus um eine Möhre. Irgendwie lächerlich.

Andererseits ... ein wenig Religion kann ja nicht

schaden. Mich hat sie letztlich auch schon oft ganz uneigennützig vom verderblichen Schlaf errettet. Und wie vielen hat sie schon geholfen und ist ihnen auf Verlangen aus dem Kühlschrank heraus erschienen ...

Ich fuhr früh eine Tour, bei der aus uhrzeitlichen Gründen noch niemand mitfuhr. Es war ein kühler Novembermorgen, etwa 3 Grad Celsius. Der Asphaltboden glitt langsam und seelenruhig unter den Rädern dahin. Im Gleichklang meines Herzens.
Der Bus näherte sich einer mir sehr bekannten Stelle, an der die Straße den Verlauf einer Linkskurve nehmen würde, um dann an einer Kreuzung zu enden.
Vor der Kurve trat ich auf die Bremse.
Keine Wirkung.
Ich trat erneut.
Nichts.
Der Bus fuhr mit unveränderter Geschwindigkeit auf die scharfe Linkskurve zu.
Automatisch griff ich nach der Tasche, in der ich den heiligen Karottenschrein zu transportieren pflegte.
Möhre, hilf! Karotte, errette!
Da hatte ich plötzlich eine visuelle Erscheinung, als ich die Straße erblickte. Ich sah es auf dem Asphalt glitzern! Die Straße war spiegelglatt!
Eine Offenbarung! Nun wusste ich alles. Der Bus ist auf Glatteis verloren. Eine Art der Todesstarre trat ein.
In sturer Versessenheit stierte ich dabei die Linkskurve an, auf die ich zuschlitterte und die ich kannte.
Sie hatte etwas Unbewegliches.

Wenn ich schnell genug weiterschlittern würde, könnte ich sogar die rechte Bordsteinkante überwinden und den Hang um zwei Meter hinabfahren. Dort war ich noch nie. Wenigstens ein Ziel, für das sich der Abgang lohnen würde.

Plötzlich fiel mir ein, dass ich einmal gelernt hatte, wie man auf glatten Straßen erfolgreich eine Stotter-Bremsung anwendet. Diese Idee löste mit einem Ruck meine Starre und ich ging ins Stottern über.

Der Bus wurde langsamer. Irgendwie schaffte ich eine leichte Lenkbewegung nach links. Ich erreichte in der Zwischenzeit die Bordsteinkante, fuhr mit einer heftigen Stoßbewegung auf sie und darüber, aber bewegte den Bus auch in die Kurve, nicht den Abhang hinunter. Direkt auf die Kreuzung zu.

Genauer gesagt, auf einen dicken Betonpfeiler zu, der auf dem Grünstreifen stand und ein mächtiges Hinweisschild trug.

Wenn man nun aufgrund einer Offenbarung sein Schicksal als beschlossen erkennt, daraufhin aber infolge einer Eingebung es doch abwenden kann – wird man sich danach wirklich freuen, wenn direkt nach der geglückten Lebenswende nach links auf der rasanten Pilgerfahrt vor einem ein Betonpfeiler auftaucht?

Ich kannte auch jenen Pfeiler, da ich oft an ihm vorübergefahren war.
Zugegeben, ich hatte ihn nie gegrüßt.
Auch Pfeiler sind Menschen.

Vielleicht hatte er sich kurz zuvor ja mit böser Absicht zu genau jener Stelle bewegt ...
Die Sache war besiegelt. Es gab einen sehr lauten Knall.
Mein Körper ruckte durch den Aufprall deutlich näher ans Lenkrad, befand sich aber weitestgehend noch auf dem Fahrersitz. Die Busfront war etwas entstellt, die Scheibe hatte einen langen Riss.
Ansonsten aber stellte sich heraus, dass der Bus einer Konfrontation mit einem gestörten Betonpfeiler durchaus gewachsen war. Denn der war nicht mehr auf seinem Platz. Er lag weit, weit weg auf der Kreuzung.
Ich schaute mich um. Alles dunkel, keine Seele weit und breit. Dann stieg ich aus, noch etwas unsicher darüber, was ich von der ganzen Sache halten sollte.

Hatte die Karotte den Bus und mich nun bewahrt oder nicht?

Die Polizei, die bald darauf eintraf, jedenfalls meinte, es hätte wesentlich schlimmer werden können. Des Weiteren stellte sich heraus, dass es nur an eben jener Stelle glatt gewesen war. Was bedeutete, dass man keine Vorbereitungen hätte treffen können und auf Eingebungen angewiesen war.
Natürlich sprachen sie mich wahrscheinlich gerade deswegen auf meine Mitführungspflicht der drei Möhren an. Ich verwies darauf, dass die Box sich in meiner Tasche befände, aber sie verzichteten auf Details. Ich durfte ungestraft weiterfahren, was trotz

demolierter Front auch kein weiteres Problem darstellte.

Einer der Beamten raunte mir am Ende vertrauensvoll zu »Karotte sei dank!« und stieß mir mit seinem Ellbogen leicht in die Seite. Wie schön. Ein Jünger.

Die Polizisten blieben an der Unfallstelle, montierten einen großen Scheinwerfer auf dem Dach des Einsatzfahrzeuges, um die gefährliche Stelle auszuleuchten.

Später hörte ich davon, dass es dort erneut zu einem Unfall gekommen war.

Ein Pkw war auf ein Einsatzfahrzeug der Polizei geprallt.

Ein greller Scheinwerfer hatte den Fahrer geblendet.

Ich brachte den Bus zurück in den Betrieb und klärte dort alle Formalitäten. Man hatte Verständnis, tröstete mich und schickte mich zur Erholung nach Hause.

Als ich schließlich dort ankam und das konfrontative Erlebnis einigermaßen verarbeitet hatte, ging ich zum Kühlschrank, um mir etwas Kühles zu gönnen.

Da sah ich es.

Der Karottenschrein stand vergessen im obersten Fach.

DER NEULING

Vor meinen halbgeschlossenen Augen nahm die erste Haltestelle schemenhaft Gestalt an.

Es war 3.51 Uhr. Unglaublich, aber wahr.

Zu dieser Uhrzeit, in der selbst schlaflose Menschen den Versuchungen der Träume erliegen, in der das Fleisch schwach ist, der Geist aber willig allen Aktivitäten widersteht, müssen Menschen den Kampf gegen die Arbeit aufnehmen, die Arbeit den Kampf gegen den Menschen, der Kampf den Menschen gegen die Arbeit ... keiner blickt bei dieser Uhrzeit noch durch.

Die Leute, die in solch einem sogenannten »Schichtbus« mitfahren, sind um diese Zeit etwa genauso tot wie ihr bis vor Kurzem röchelnder Staubsauger hinter dem erhängten Vorhang neben dem verblichenen Wischmopp.

Falls irgendein Wort gesprochen wird, handelt es sich um ein schweres Versehen, um eine Persönlichkeitsstörung oder um einen Neuling, der in den Verhaltensformen von Toten ungeübt ist.

Ein solcher Neuling betrat nun bei dieser Fahrt den Bus.

»Guten Morgen.«

Aha, er spricht. Neu hier.

»Äh, ja. Ach so. Geld. Moment. Wo hab ich denn ...«

Er suchte mit verbissener Miene vergeblich in seiner Hosentasche.

Analyse: gestörter Neuling. Wahrscheinlich Geld-Verlust-Angst-Syndrom-Störung.

» Ah, ja, hier.«

Analyse-Update: vielleicht doch nur neu hier.

Er kramte einen Geldbeutel hervor, öffnete ihn, während ich auf die Uhr sah: 2 Minuten Verspätung. Diese notwendigen Analysen kosten Zeit.

»Oh. Hier, bitte.«

Er zog einen frischgedruckten 100-Euro-Schein aus dem Geldbeutel.

Ich war trotz aller bekannten Analysevorgänge beeindruckt, so, wie man eben um diese Uhrzeit beeindruckt sein kann.

»Alle Achtung«, meinte ich, »das Papier ist noch warm.«

Das sollte ein Scherz sein.

»Wie? Ach so. Ja. Hahaha. Lustig. Ähm, ich hätte gern einen Kurzstreckenfahrschein.«

Eigentlich hat der Fahrer für Gespräche im Allgemeinen an der Haltestelle keine Zeit. Er müsste bereits woanders sein, beziehungsweise oft schon so weit in der Rückfahrt begriffen sein, dass er sich selbst wieder begegnen müsste.

Zudem sitzen im Bus zwanzig andere schon erwähnte Firmen- oder Betriebsmitglieder, die eigentlich tot sind, aber in Momenten wie diesen wieder auferstehen.

Erfahrungsgemäß würde es höchstens noch 15 Sekunden dauern, bis jemand aussprechen würde, was die

Gemeinschaft der dienenden Arbeiterschaft in ihrer langmütigen Seele bewegt:

»Komm, fahr weiter.«

Wenn nun aber ein Fahrgast einen Kurzstreckenfahrschein verlangt, der insgesamt 1 Euro kostet, zu diesem Zwecke aber einen 100-Euro-Schein auf den Kassentisch legt, dann gibt es eine Krise.

Der Busfahrer hat meistens nicht so viel Geld bei sich, dass er jeden wild dahergelaufenen 100-Euro-Schein zu Kleingeld verarbeiten könnte. Er müsste nach intensiver mathematischer Recherche 99 Euro herzaubern, die sein Wechsler schlichtweg nicht hergibt.

Es gibt noch 3 andere Möglichkeiten:

»Haben Sie vielleicht einen einzelnen Euro dabei?«

Dabei sieht er dem Fahrgast mit geduldigem Drohen ins Gesicht. Oder:

»Kann jemand 100 Euro wechseln?«

Geht nicht, da alle tot.

Drittens:

»%&$! Ich kann und muss den nicht wechseln. Ich bin nur zum Wechseln von 20 Euro verpflichtet ...!«

Das stimmt vielleicht emotional nicht ganz, aber inhaltlich durchaus.

Irgendwie erinnert es jedoch an einen Brief vom Finanzamt.

Ich griff in äußerster Not gezwungenermaßen zu einer nicht existierenden vierten Möglichkeit:

»Ist o.k. Ich geb Ihnen den Fahrschein und die 100 Euro schenke ich Ihnen noch dazu.«

Dieser spontane Anfall von Barmherzigkeit überkam

mich, weil ich die 3 anderen Möglichkeiten wegen der unbarmherzig fortschreitenden Uhrzeit bereits verworfen hatte. Man mag mich für bescheuert halten, aber wenigstens hatte ich nun an diesem sonst toten Morgen das Gefühl, eine lebendige Pfadfindertat begangen zu haben.

»Echt? Ach, das ist aber nett. Danke.«

Bitte.

Er wollte den 100-Euro-Schein in den Geldbeutel zurückstecken, aber der Beutel war offensichtlich ungeübt mit Scheinen dieser Größe und stellte sich bockig.

5 Minuten Verspätung.

»Na, willst du wohl … !«

Der gute Mann hatte feuchte Hände bekommen, der Schein klebte an den Fingern. Er schüttelte die Hand, der Geldschein taumelte, indem er sich die Schwerkraft zunutze machte, zu Boden.

O.k.

Jahrelange betriebliche Deeskalations-Ausbildung machten sich nun bezahlt.

Zuerst drückte ich blitzschnell den Knopf für den Türkontakt. So könnte ich die Situation quasi einschließen und ihr wenigstens fahrend entkommen.

Während des Schließvorgangs bückte ich mich mit reflexartiger Gelenkigkeit aufgrund intensiver Yogaausbildung an Feiertagen beim Personalrat und hob den Schein vom Boden auf, reichte ihn dem Mann, der sich damit die nasse Stirn wischte und mich nervöslächelnd anschaute, löste im selben Moment mit der linken Hand die Bremse, hatte schon 2 Sekunden vorher den Blinker gesetzt, schaute in den Rückspiegel und sagte gleichzeitig mit aller mir noch zur Verfügung stehenden Freundlichkeit:

»Aaaachtung! Gut festhalten!«

Erst dann holte ich wieder Luft.

Der Mann stolperte nach hinten, aber die Fahrt nahm ihren Verlauf.

Ich klopfte mir selbst auf die Schulter. Gut reagiert. Der Verlust des einen Euros war wettgemacht. Ich hatte einen Freund fürs Leben und für die Firma gewonnen, jemanden, der der Welt und mir immer dankbar sein würde.

Ich sah, wie meine bescheidene noble Geste noch in Generationen gerühmt werden würde und ich endlich die Wahl zum »freundlichsten Busfahrer der nächsten 10 Jahre« bestreiten würde – als der Mann wieder bei mir vorne erschien.

»Äh, Entschuldigung. Ich war so nervös, tut mir leid. Ich hatte vor Aufregung völlig vergessen, dass ich gestern eine Monatsfahrkarte gekauft hatte. Hier ist sie. Ich brauche gar keine Kurzstrecke, danke.«

NOCHMAL

Die Schicht an diesem Tag begann im durchaus menschlichen Bereich. 11 Uhr.

Pfeifend kam ich in den Aufenthaltsraum, da ich aus Gründen, die ich selbst nicht nachvollziehen konnte, rechtzeitig von zuhause losgefahren war und daher ungewohnt pünktlich die Firma mit meiner Anwesenheit beglückte.

Die meisten meiner Kollegen waren bereits unterwegs und ich war mit dem Fahrdienstleiter allein.

Fahrdienstleiter sind nach Busfahrern diejenigen, denen besondere Bewunderung zuteil werden sollte. Ihre Stellung als ausgleichendes Element zwischen regierenden Dienstplanmachern, Werkstatt, Chef, Fahrern und ihre Fähigkeit, daneben noch die Fahrzeugverteilung, die Urlaubsplanung, die Reparaturannahme, die Klagen und Wünsche der Fahrer, die psychologische Betreuung für die Bewohner der Erde und die Aufopferung für ihre Familie zu leisten – ist, sagen wir mal, nicht schlecht.

Eigene Interessen haben sie nicht.

Wie gesagt. Fast auf dem Niveau eines Busfahrers.

Wir besprachen einige Dienstplanangelegenheiten, diskutierten firmenpolitisch hin und her, wobei meine Rolle sich auf »Mhm. Stimmt. Ja, sehe ich genauso« beschränkte.

Dann hatte ich einen Urlaubswunsch, den er mir sofort genehmigte.

Darum liebe ich ihn.

Oder lag das an meiner uneingeschränkten Zustimmung vorhin?

Ich muss es mir merken.

Jedenfalls schnappte ich den Busschlüssel, die Papiere und war weg.

Motivation musste ich nicht mitnehmen, denn außer der Tatsache, dass ich heute pünktlich gewesen war und Bus fahren würde, würde ich heute vor allem Schüler befördern.

Irgendwann hatte ich etwas über den Transport von Schulkindern begriffen. Abgesehen davon, dass sie laut, chaotisch und schlägernd durch den Mittelgang des Busses ziehen, sind sie vor allem süß.

Vielleicht sind die Kleinen etwas süßer.

Mit ihren gelockten Haaren. Aus Gründen der Natur oder sonstigen.

Mit ihren großen Augen. Mit ihren großen zentnerschweren Schultaschen.

Manchmal schauen sie mich an und ich sehe in ihren traurigen, verwaisten Augen ganz deutlich den sehnlichen Wunsch und die Frage: »Willst du mein Vater sein?«

Ich bin zutiefst bewegt über diesen kurzen, wortlosen Austausch.

Wenn ich dann eine Träne fortwische und erschüttert »Ja« sage, stecken sie die Monatskarte wieder ein, die sie mir gerade zeigen wollten.

Unweigerlich muss ich immer wieder an meine eigenen frühkindlichen Buserlebnisse denken.

Der Busfahrer.

Mein unangefochtenes Idol.

Dachte ich zumindest zuerst.

Doch dann ließ der Idiot mich niemals an meiner Wunschhaltestelle aussteigen, weil er keinen Bock hatte, für nur ein Exemplar dieser widerwärtigen Bengels seine qualmende und röhrende Schrottkiste zu stoppen.

Diese Erlebnisse haben mich sehr geprägt.

Ich nahm mir vor, diese Erfahrungen auf meine Art zu verarbeiten.

Niemals sollte je so etwas wieder geschehen. Ich würde allen und jedem ein liebender Vater sein. Mir gegenüber auch.

Allen lächelte ich beim Einstieg zu.

Mein tiefes Mitleid und mein Dank über jeden wichtigen geliebten Menschen, der mich übers Ohr gehauen hatte, begleiteten meine Seele tagein und tagaus.

Der Erschöpfungszustand ist jetzt langsam wieder ausgeglichen. Der Klinikaufenthalt dauerte nur ein Jahr.

Jedoch kann ich nicht davon lassen, wenn ich Schulkinder befördere. Ich kann diese unschuldigen Seelen nicht einfach einer seelenlosen Busfahrt überlassen.

Besonders wenn es sich um Erst- oder Zweitklässler handelt.

Sie sind noch so ungefährlich.

Also überlegte ich mir etwas.

Dann nahm ich eines Tages, etwas schüchtern wegen meines ersten öffentlichen Auftritts im Bus, das Mikro zu Hand:

»Äh, Hallo. Hier spricht euer Busfahrer. Äh, ja … also … wollt ihr, äh … wollt ihr vielleicht heute mal eine Geschichte hören?«

Plötzlich Totenstille.

Keine Antwort.

Ich schaute in den Innenraumspiegel und betrachtete die Gesichter. Ausnahmslos alle Münder standen offen. »Du Idiot!«, fuhr es mir schuldbewusst durch den Kopf. »Was hast du angerichtet! Sie denken bestimmt, dass sie etwas angestellt haben. Oder sie sind sprachlos, weil sie sich belästigt fühlen. Dann werden sie ihren Eltern davon erzählen, die werden die Firma anrufen, dann wird der Chef mich zu sich rufen und dann …«

»Ja.« Von irgendwoher drang ein zartes, engelgleiches Stimmchen in mein Bewusstsein. Ein kleines Mädchen nickte, daraufhin noch eins und dann weitere.

Die Jungs waren noch unschlüssig.

Das Ganze könnte eine Falle sein.

»Äh, o.k. Also.« Ich räusperte mich mehrmals, während ich den Bus auf der Landstraße beschleunigte. Dann rückte ich das Mikro zurecht und beobachtete den Innenraumspiegel intensiv auf der Suche nach weiteren Reaktionen seitens meines jungen Publikums.

Meine erste Darbietung vor Zuhörern seit dem vermasselten Gedichtvortrag in der Schule.
Ich hatte einen bekannten Witz gewählt, über den ich als Kind damals gelacht hatte. Das schien mir relativ sinnvoll.

»Herr Niemand, Herr Keiner und Herr Doof wohnten in einem Haus. Herr Niemand wohnte ganz oben, Herr Doof in der Mitte und Herr Keiner ganz unten.«
Ich machte eine Kunstpause und frage mich, ob sie diesen völlig abgedroschenen, blöden Witz, den ich als Geschichte getarnt hatte, nicht sowieso schon längst kannten.
Selten doofer Einfall.
Aber offensichtlich hatten sie noch niemanden von dieser genialen Begebenheit reden hören, denn niemand sprach und alle blickten mit geschlossenen Mündern nach vorne.
Außerdem machten sie den Eindruck, dass sie bis zu diesem Punkt tatsächlich alles verstanden hatten.
Dieser seltsame Busfahrer schien es ernst zu meinen.
Ich verspürte einen Ruck der Motivation.

»Es war an einem wunderschönen Frühlingstag und alle drei Herren schauten zum Fenster hinaus. Die Blümelein blühten, die Bienchen summten und die Sonne schien wunderschön.
Nun war der Herr Niemand ein echter Schlingel. Und weil alles so wunderschön war, wurde er ein bisschen

übermütig und spuckte dem Herrn Doof auf den Kopf. Herr Keiner sah dabei zu.«
Irgendjemand kicherte.
Nicht schlecht! Gutes Zeichen!
»Herr Doof aber konnte nicht wirklich Spaß verstehen. Er hatte die Nase gestrichen voll und ging sofort zur Polizei. ›Herr Wachtmeister‹, sagte er, ›hören Sie mal her! Wissen Sie, was eben passiert ist? NIEMAND hat mir auf den Kopf gespuckt und KEINER hat's gesehen!‹ Der Polizist sah ihn an und erwiderte: ›Entschuldigen Sie mal, aber sind Sie vielleicht DOOF?‹ ›Ja, genau der bin ich höchstpersönlich!‹«

Totenstille.
Keine Reaktion.

War ich eben noch ermutigt und hatte am Ende voller Erwartung in den Spiegel geschaut, beugte ich jetzt den Kopf langsam nach vorne links, weit, weit weg vom Spiegel, damit keiner mein leicht gerötetes Gesicht sehen konnte.
Schöne Pleite.
Tolle Idee.
Kinderherzen positiv prägen. Aha.
Du hast es drauf.

Es geschah eine Weile lang nichts, vor allem deshalb, weil ich keinen Plan hatte, was überhaupt nun geschehen sollte, und weil ich mir fest vornahm, in Zukunft die Klappe zu halten.

Das Mädchen, das vorhin verheißungsvoll gekichert hatte, beugte sich mit einem Mal nach vorne. Ich konnte es aus dem Augenwinkel im Spiegel verfolgen. O weh.

Sie wird bestimmt gleich etwas sagen – oder noch schlimmer – ihrer Freundin etwas zuflüstern.

»Herr Busfahrer?«

»Ja?«

»Noch mal!«

Es dauerte keine 3 Sekunden, da sagte irgendjemand auch »noch mal«. Und noch mal jemand und dann noch mal.

Später vermutete ich, dass sie die ganze Sache durchaus verstanden hatten und sich nur nicht darüber sicher waren, ob sie außer der Erlaubnis zum Zuhören auch die Erlaubnis zum Lachen hatten.

Ich erzählte also diese unglaublich witzige Geschichte von den drei Herren noch mal. Danach musste ich sie noch mal erzählen und danach noch mal.

Die Reaktionen des Publikums wuchsen mit jedem »noch mal«.

Nach dem vierten Mal feierte der komplette Bus die Erfolgsstory ausgelassen.

Diese herrlichen Kinder erzählten sich die »Spuckerei« gegenseitig immer wieder, und vor allem die unvergleichliche Pointe mit Herrn Doof versetzte sie in regelrechte Kicherekstasen.

Seither bin ich geheilt.
Ich bin der Held.

Die klaffende Wunde meiner Seele ist geschlossen, denn ich habe fremde Kinderherzen und mein eigenes gerettet.

Sie wollten diese Geschichte nämlich immer wieder hören.

Bis in alle Ewigkeit.

Hätte ich das schon früher geahnt!

So ein kleiner unbedeutender Witz.

Eine Wundermedizin.

Ein Bestseller.

Ts.

Nochmal.

Klasse.

MORGENSTIMMUNG

Der grausame Morgen hatte begonnen, als ich mich aus dem ehelichen Hochbett rollte und tief fallend den Boden erreichte. Ich spürte keinen Schmerz, was sicher an der Gewohnheit lag. Der Wecker hatte meinen Traum vom Schlaf zerstört, die einzig verbliebene Hoffnung vor der Frühschicht lag nun im Frühstück. Die Uhrzeit: 2.50 Uhr.

Mysteriöse, wirklichkeitsfremde, digitale Gebilde auf dem Weckerdisplay.

Jedoch konnte ich dem Wecker nicht wirklich irgendeinen Vorwurf machen. Er war treu und redete nicht viel.

Ich kroch zur Küche und suchte nach etwas Essbarem. Cornflakes oder so. Es müsste jedenfalls ohne Anstrengung verzehrbar sein. Nach kurzer Zeit des blinden Wühlens fühlte ich die rechteckige Packung. Ich öffnete sie, griff hinein, während ich versuchte, nebenbei einige Minuten weiterzuschlafen, und schob meine volle Hand in den Mund.

Das Mehl war etwas trocken. Vielleicht fehlt etwas Verdünnendes, dämmerte mir im Halbschlaf, und ich öffnete im Zustand der allgemeinen Umnachtung den Deckel irgendeiner nahestehenden Flasche, die ein Schild mit der Aufschrift »Tomatenketchup« trug.

Ich setzte mich in die Hocke und öffnete beim Essen vorsichtig die Augen.

Mein Blick fiel sofort auf den Teppich im Wohnzimmer.

Mit einem Anflug von Neid.
Er durfte liegen bleiben.

Was für ein erbärmliches Dasein, dachte ich und hielt einen Moment inne, während ein kleines zähfließendes Ketchuprinnsal an meinem Mundwinkel abwärts strebte.
Geschunden, unrasiert, fast nackt, mit zusammengeklebten Augen und des Schlafes beraubt saß ich hier mitten in der Nacht auf irgendeinem kalten Fußboden.
Ein sadistischer Aufseher dieses Gefängnisses hatte sicher den Wecker auf diese bösartige Uhrzeit gestellt.
Nun verwehrte man mir sogar Wasser und Brot.
Zeit für eigenes, dringend benötigtes Mitleid würde zudem auch nicht bleiben, denn man würde mich jetzt bald per Telefon zur Zwangsarbeit jagen, wenn ich nicht aus purem Selbsterhaltungstrieb meine ausgezehrten Knochen in Bewegung setzen würde.

In solchen Momenten schreitet man die Galerie seiner Feinde ab, gegen deren Unterdrückung und Ausbeutung man letztlich trotz aller inneren Rebellion machtlos ist.
Vor allem in Bezug auf finanzielle Angelegenheiten.
Vor meinem inneren Auge tauchte meine Frau auf, die mir liebevoll lächelnd den Einkaufszettel reichte.
Dann sah ich meine Vermieterin, die mich überaus freundlich jeden Monat darüber informierte, dass das Geld angekommen sei.
Meine Kinder umarmten mich dankbar, als ich ihnen

die bitter umkämpfte Erhöhung des Taschengeldes aushändigte.

Mein Freund klopfte mir anerkennend auf die Schulter, nachdem ich ihm seinen Lottoschein zum dritten Mal spendiert hatte. Nach Begleichung seiner letzten MPU-Rechnung.

Der Hund hechelte mit dem Schwanz ...

Die Katze fauchte mich fröhlich an ...

Der Hahn krähte ab 5 Uhr morgens täglich Lobeslieder, auch am Wochenende ...

Auf allen vieren erreichte ich das Bad.

Erleichterung und ein wenig Trost verschaffte mir einzig und allein mein billig erworbenes Deospray, durch das ich mich der Tyrannei des Waschzwanges entziehen konnte.

Den Mann im Spiegel erkannte ich nicht.

Nur die in alle 12 Himmelsrichtungen abstehenden Haare gaben mir Auskunft über eine wahre, nunmehr unterdrückte und verkannte Natur eines begnadeten freien Künstlers, der dazu berufen ist, seine freie Kunst unerschrocken in den Dienst des freien Volkes und der Freiheit des freien Materialismus zu stellen!

Mein Chef stieg in meinem Fieberwahn vor meinem geistigen Auge empor:

»Dienstbeginn ist um 3.30 Uhr, nicht um 3.43 Uhr!«

Wie so oft in der Geschichte der Menschheit.

Gnadenlose Knechtschaft. Verweigerung des Mitspracherechtes. Sklavenhaftes Überstundenschieben.

Unterdrückung des Proletariats. Alle Länder: Verneigt euch! – oder so ähnlich.

3.15 Uhr.

Der Schreck kroch langsam von unten nach oben. Etwas in mir erwachte. Noch 15 Minuten. Wo um Himmels willen ist die Krawatte? Ich fischte meine benutzten Strümpfe in Windeseile aus dem Wäschekorb, stülpte mir mein Hemd mit 15 unverändert geschlossenen Knöpfen über den Kopf und vollendete die schwarze Busfahreruniform mit weißen Turnschuhen, deren Schnürsenkel ich zum Glück irgendwann mal wütend weggeschmissen hatte. Jetzt noch den Schlüssel ...

Das Telefon klingelte!

Bin ich etwa schon zu spät? Nein, es ist erst 3.28 Uhr. In 7 Minuten könnte ich es noch schaffen ...

Ich hob vorsichtig hektisch den Hörer ab.

»Ja?«

»Du brauchst heute morgen nicht zu kommen.«

»Was?«

»Wir haben einen Fehler bei der Planung gemacht und den Dienstplan für heute doppelt besetzt. Du kannst nochmal zurück ins Bett und ausschlafen. Du hast sowieso schon auf zu viele Überstunden in letzter Zeit gedrängt«, erinnerte mich der Fahrdienstleiter freundlich, »Mach mal Pause und komm einfach morgen um 6.15 Uhr zur nächsten Schicht.«

Ich stand einen Moment unschlüssig.

Noch konnte ich den Ereignissen nicht richtig folgen.

Aus einem Affekt heraus antwortete ich tonlos:

»Alles klar. In Ordnung. Also dann … mach's gut. Äh, danke für deinen Anruf.«

»War mein Fehler. Aber ich dachte mir schon, dass ich dich jetzt noch erreichen würde. Bis dann.«

Klick.

Stille.

Dunkelheit, da ich schon überall kurz vor meinem gewaltbesessenem Pseudo-Aufbruch das Licht gelöscht hatte.

Komische Stimmung.

Gedankenvoll erreichte ich wieder die Küche. Bevor ich mich auf den gepolsterten Stuhl setzte, entfernte ich mit dem Besen in stumpfem Automatismus weißes Mehl vom Fußboden. Mit einem Lappen wischte ich Ketchupflecken weg.

Diese Kinder …!

Dann lauschte ich in die Nacht.

Tick tack.

Summ.

Uhr und Kühlschrank arbeiteten.

Meine Kinder werden nachher zur Schule gehen, meine Frau wird ins Büro fahren. Mein Nachbar wird in etwa 3 Stunden voller Tatendrang den Motor seines Wagen des Volkes starten. Zumindest hört der Motor sich so an.

Ich soll ins Bett.

Unterdrückung und Ausbeutung. Es hat sich seit Jahrtausenden nichts geändert.

Fabrikbesitzer, Bolschewiken, Familienmitglieder, Fahrdienstleiter – alle gleich.

Ich hielt kurz inne. Na gut. Man muss vielleicht ein klein wenig differenzieren.

Nun beugt sich anscheinend doch jemand gnädig herab, um dem Volk Brot und Spiele und Erholung andrehen zu wollen.

Wahrscheinlich pocht irgendwo das unterdrückte schlechte Gewissen.

Aber! Ist dieser Anruf im Grunde nichts anderes als eine andere Form der Tyrannei?

Habe ich denn nicht auch ein Recht auf meine Ausbeutung?

Ich fühlte mich von meinen Feinden seltsam hintergangen. Erst nutzen sie mich gnadenlos aus ohne jegliche Zustimmung meinerseits, dann verweigern sie mir das Recht darauf.

Ich konnte keine Fairness erkennen.

Irgendwo und irgendwie ist es doch auch meine Ausbeutung und mein Bus.

Ich setzte heißes Wasser auf, rührte mir anschließend damit einen Cappuccino und beobachtete dann, wie der heiße Cappuccinodampf im Nirwana verschwand.

Wie die Frühschicht.

Verbittert stellte ich mir vor, dass irgendein hirnloser Kollege jetzt meinen Bus startete.

Diesen schwer bewaffneten Volkspanzer, der alles überrollen könnte, wenn er nur wollte.

Der nur in den richtigen Händen das überrollte, was er auch sollte.

In dem ich jeden Tag dem Volke demütig und in Liebe diene. In aufrecht erhöhter Sitzposition, dem traurigen Alltagsleben meiner Mitmenschen und Nachbarn enthoben, als Vertreter des öffentlichen Lebens, das Lenkrad und das Schicksal des Verkehrs drehend, als freier Unterdrücker aller unpünktlichen Fahrgäste!

Plötzlich vernahm ich ein Geräusch.

Zunächst noch leise. Ein leises Rauschen, das aber rasch näher kam und lauter wurde. Ein Motorgeräusch, das mir sehr bekannt vorkam.

Ich stand auf, ging zum Fenster und öffnete den Rolladen ein wenig, um die Straße sehen zu können.

Da kam er.

Ein Bus.

Von irgendeiner unbekannten Privatfirma. Groß. Breit. Genial.

Mein Herz begann zu klopfen.

Ich schaute mir den Fahrer an. Sah mürrisch und total lustlos aus.

Ich schüttelte den Kopf und seufzte voller Unverständnis, während ich ihm hinterhersah.

Wieder irgendein Schwachkopf, der anscheinend keine Ahnung davon hat, wie gut es ihm geht.

DER MYTHOS

Wir kommen nun zu einem Kapitel, in dem ich Ihnen das Geheimnis über den Mythos des Busfahrers preisgeben möchte.
Sie sollten nicht länger an diesem ungeklärten Thema in Ihrem Leben leiden.

Dazu möchte ich zu zwei kurzen Beispielen ausholen.
Sie kennen die tägliche Situation an der Kreuzung: So mir nichts, dir nichts ist die Ampel ausgefallen.
Nun gibt es zwar Straßenschilder, die die Lage eindeutig regeln, aber die Autofahrer, die von allen Himmelsrichtungen zur Verkehrs-Kreuzigung gekommen sind, starren alle den Busfahrer an.
Bei den ersten Malen freute ich mich zwar über die unerwartete Zuwendung, hatte aber ansonsten keinen blassen Schimmer davon, warum ich plötzlich beachtet wurde.
Dann aber begann in meinem Leben eine entscheidende Wende hin zum Glück: Ich fing an zu begreifen, dass sie auf MEINE ANWEISUNGEN warteten.
Meine Berufung – so die Erleuchtung – besteht darin, meine lenkenden Brüder und Schwestern aus dem verfahrenen Verkehr zu ziehen. Ihnen Licht auf dem Wege, Richtungsweiser für die nahe Zukunft zu sein!
Ich packte unverzüglich den Ruf bei den Hörnern, ergriff dieses Sendungsbewusstsein, richtete meinen

Oberkörper auf (wodurch der Bus eindeutig größer wirkte), sah alle nacheinander ernst und durchdringend an, hob meinen Arm, streckte meinen Finger auf den Ersten – mitten in sein Gesicht, worauf sein Kopf ehrfurchtsvoll um einige Zentimeter zurückwich – und befahl ihm, sich und seinen kleinbürgerlichen Porsche nach rechts zu bewegen.

Er nickte kurz, wischte verstohlen mit der Hand über die Stirn und fuhr los.

Danach blickte ich eine Dame an, die meinen Blick ganz eindeutig bewundernd erwiderte, und dirigierte sie, ihrem Blinkerwunsch voll und ganz widersprechend, nach links.

Sie schaute mich beim Abbiegevorgang unentwegt an, sprachlos vor Dankbarkeit über die Korrektur ihres verirrten Weges.

Den Kleinlasterfahrer auf der gegenüberliegenden Seite schickte ich zum gelungenen Schluss geradeaus. Er war mir körperlich weit überlegen, wirkte aber seltsam zusammengesackt und nervös und war mit dem Vorgang völlig einverstanden.

Ursprünglich wollte er nach rechts abbiegen.

Beim Vorbeifahren hob er die Hand zum Gruß.

Ich selbst verweilte noch einige Minuten an der Kreuzung im Bewusstsein der konsequenten Erfüllung meiner neuentdeckten Berufung im Dienst an anderen verlorenen Seelen.

Der Bus war sowieso nur halbvoll.

Ich sehe, Sie beginnen zu verstehen.

Schauen wir uns noch eine andere typische Situation an, um den Mythos zu erhellen.

Sehen Sie den kleinen Jungen mit dem Dreirad auf dem Gehweg, der alles stehen und liegen lässt, wenn ein Bus vorbeifährt?

Er hebt ehrfurchtsvoll den Zeigefinger und versucht das komplizierte Wort Bus mit seinen Lippen zu formen. Die Worte »Mama« oder »Papa« liegen noch fern.

Sie denken, das sei etwas übertrieben?

Dann achten Sie nun auf den Großvater, der danebensteht und in dessen Augen plötzlich ein feuchter Glanz zu sehen ist.

Was sagt er?

»Ein Bus! Schau mal! Ein Bus!«

Und was tut er?

ER HEBT AUCH DEN ZEIGEFINGER!

Ich hoffe, Sie verstehen diesen Fingerzeig. Denn auch wenn der Großvater diese Regung vielleicht nie ganz zugeben wird, hat der Busfahrer, der alles sieht, längst verstanden.

Und zufrieden legt er in atemberaubender Geschwindigkeit in geschlossener Ortschaft den Bus in die Kurve, lässt lässig dabei den linken Arm aus dem Fenster baumeln und weiß: Egal, welche Willkürherrschaft er mit seiner Waffe, dem Bus, heute ausüben wird, und egal, wie viele Leute er gerade eben an der Haltestelle hat fassungslos stehen lassen – bis ins hohe Alter hinein wird sich jedes Herz vor ihm und seinem Bus verneigen.

Lassen Sie mich das näher erklären.

Bisher dachten Sie vielleicht, dass Sie das System »Busfahrer« durchschaut hatten. Sie sahen ihn aus den Augen eines Fahrgastes, der ihn am Busbahnhof mit Zigarette, Bilder-Zeitung und Kaffee in drei Händen neben seinem Fahrzeug stehend beobachtet. Er scheint desinteressiert, als wäre die komplette Rasse der Fahrgäste der Gegenstand, den er am allermeisten auf den Mond wünscht.

Dann fährt er widerwillig zur Haltestelle vor, nimmt Sie als Fahrgast auf, und während Sie in beständiger Pflichterfüllung Ihre nichtübertragbare Monatskarte vorzeigen, die Sie 5 Minuten zuvor von Ihrem Bruder geborgt hatten, schaut er treu nach links zum Fenster hinaus, wo es doch eigentlich gar nichts gibt, nur gerade zufällig die im Vorbeigehen begriffene, in jeglicher Weise wippende Tochter von Frau Bechtele.

Er schließt gnadenlos die Tür, wenn der Sekundenzeiger die Abfahrtszeit erreicht hat, und gibt Gas, während alle zuschauen, wie die nur ganz leicht verspätete S-Bahn eintrifft, aus der die Leute in schlägernder Panik springen, weil sie hoffen, diese wichtige Busverbindung noch erreichen zu können.

An der Ampel an der Ausfahrt des Busbahnhofes muss er anhalten. Die ersten Umsteiger-in-guter-Hoffnung haben die geschlossene Glastür des Busses erreicht und klopfen mit vor Angst geweiteten Augen dagegen, die Ampel springt auf Grün, der Bus fährt los und lässt die Ertrinkenden hinter sich.

Sie und alle anderen Darsteller der Szene vergessen

für einen Moment sogar die neusten Schreckensent-
hüllungen um den Ehrensold des ehemaligen Bundes-
präsidenten Wulff.

Doch halt! Erinnern Sie sich! Sie waren auch mal jung.
Sie fuhren damals im Bus mit ihrem Freund, der Schul-
tasche, mit.
Haben Sie nicht auch dem Fahrer verstohlen über die
Schulter geschaut? Wie in aller Welt kann er wissen,
was die drei Schalter da links unter den zwei 10er-Rei-
hen der anderen Schalter bedeuten? Wie schafft er es,
den Bus-Lindwurm zu zähmen, wenn er röhrend und
fauchend aus der unteren Bachgasse auf die Haupt-
straße abbiegt? Woher weiß der allmächtige Busfahrer, dass hier 70 erlaubt sind, als er gerade an dem
Schild mit 50 vorbeifuhr? Und überhaupt, beim Einsteigen: Wird er heute gnädig gestimmt sein? Oder:
Wird das jüngste Gericht über mich hereinbrechen,
weil ich meine Schülermonatskarte vergessen habe?

Wie oft habe ich es erlebt. Wenn ich mich von meinem
Fahrersitz erhebe, schweigt die ganze Gemeinde.
Selbst wenn ich eine Predigt über den Stammbaum
des Propheten Jeremia beginnen würde.
Wenn der Busfahrer aufsteht, dann hat sich der Bun-
deskanzler erhoben.

Und im Erwachsenenalter – wird dieser ehemalige
Schüler trotz der weiter oben beschriebenen Exzesse
am Busbahnhof jemals wirklich diesen Respekt verlie-

ren? Denn insgeheim weiß er: Über seinen Aufkleber »Hubraum statt Spoiler« kann der Bus mithilfe seines Fahrers nur müde lächeln.

Und aus diesen und Tausenden wichtigen weiteren Gründen gehört der Beruf des Busfahrers zu den 5 Traumberufen des Jungen auf dem Dreirad: Flugzeugkapitän, Feuerwehrmann, Lokführer, Polizist, Busfahrer.
Sie haben die Steigerung erkannt.
Dieses ureigenste Berufungsverständnis wird dann leider im heranwachsenden Alter durch irgendwelche vernunftbesessenen Erzieher degeneriert, und bevor diese wunderbaren Jungs wissen, wie man »Schirurk« diktiert, haben sie schon zwei OP-Schwestern entlassen, die wussten, wie man es schreibt, aber es wagten, ihren Chef zu korrigieren.
Erst im späten Alter, wenn die Chancen verpasst sind, wenn das Skalpell so zittert, dass die umstehenden Assistenzärzte beobachten müssen, wie sie mitoperiert werden, wenn man bereits vergessen hat, wo man das Hörgerät abschalten kann, wenn der Greis sich zum Enkel auf dem Dreirad beugt, wenn er mit schwachem Zeigefinger und tränendem Augen am Straßenrand des Lebens steht, tritt die wehmütige Trauer über die versäumte Abenteuerkarriere und den vorüberfahrenden Bus auf.

SCHWEINEREI

Die Zeit der Spätschicht an einem ungewöhnlich attraktiven Oktobertag verging und die Uhrzeit dämmerte bereits.

Ich befürchtete, dass es noch später werden würde.

Das erwähne ich deshalb, weil ich mich manchmal im Dunkeln fürchte.

Offen gestanden sagte ich das schon lange nicht mehr. Das letzte Mal, soweit ich mich erinnern kann, mit fünf Jahren.

Zu dieser Zeit teilte man mir auf mein Geständnis hin mit, dass man sich doch im Dunkeln nicht fürchten müsse, wenn man ein so großer Junge, wie ich es sei, wäre.

Irgendwie fand ich das sehr vernünftig und einleuchtend. Wohl auch deshalb, weil ich gerade zu meinem krabbelnden Bruder hinabsah.

Glücklicherweise war ich schon früh mit einer ausgeprägten Vernunftbegabung gesegnet, somit gelang mir der Durchbruch zur Angstlosigkeit auf Anhieb und mit dauerhaftem Erfolg.

Es kam hin und wieder zu kleineren unbedeutenden Rückfällen, die dann auftraten, wenn gerade alle aus dem Zimmer gegangen waren. Ich sprang aus dem Bett und legte mich flach auf den Boden, um möglichst zitterfrei zu erkennen, welche Monster sich unter dem Bett verschanzt hatten.

Mit zunehmendem Alter wuchs die Einsicht und ich schaute nicht mehr nach, welche Monster sich versteckt hatten, sondern welche Gewaltverbrecher sich versteckt hatten.

Heute kann ich den ganzen Sachverhalt natürlich mit reifer Nüchternheit betrachten.

Die lange Lebenserfahrung hat mich gelehrt, dass Gewaltverbrecher sich nicht unter dem Bett, sondern hinter dem Vorhang verstecken.

Und dass es Monster nicht gibt.

Es sei denn, es ist dunkel.

Wer weiß, warum. Ich habe ein besonders persönliches Verhältnis zur Beleuchtung des Busses. Sie hilft, dass die in Wirklichkeit nur in meiner Fantasie existierenden Ungeheuer von der Straße fernbleiben, weil sie sich vor dem Licht fürchten.

Rein zufällig schalte ich stets frühzeitig das Licht ein.

So brannte es munter auch heute seit 11 Uhr.

Manchmal bricht ja der Winter mit seinen kurzen Tagen ganz unverhofft über die fahrende Menschheit herein.

Der Lichtkegel erhellte die Straße, da die Dunkelheit nun tatsächlich gekommen war. Ich hatte kurz vor der Schicht die Stellung der Scheinwerfer leicht verändert.

Bei Fernlicht konnte man auch ohne Teleskop deutlich etliche Mondkrater erkennen.

Mit etwa 30 Km/h hatte ich eine ausreichend schnelle Geschwindigkeit gewählt, um allen Eventualitäten rechtzeitig begegnen zu können.

Beruhigt legte ich meine Halogentaschenlampe neben den Handscheinwerfer, der direkt neben der Schachtel mit den Kerzen lag. Mit den im Fahrgastraum installierten Strahlern bildete der Bus allen anderen Verkehrsteilnehmern ein leuchtendes Beispiel.

Es waren etwa 15 Fahrgäste an Bord. Die Stimmung war ausgelassen, da ich beim Einstieg Taschenlampen verteilt hatte. Überall im Innenraum kam es zu lustigen Lichtspielen.

Ich atmete ruhig und gleichmäßig, freute mich über den Sieg über die dunklen Seiten des Lebens, als es plötzlich in dem ca. 50 m entfernten seitlich gelegenen Gebüsch eine auffällige Bewegung gab.

Unverzüglich trat ich auf die Bremse, griff im Affekt nach einer Kerze – aber es war schon zu spät!

Ohne Vorwarnung und vor allem ohne Beachtung jeglicher Verkehrsregeln sprang ein ausgewachsener Tyrannosaurus in Form eines Wildschweines auf die Straße!

Meine lang gehegte Ahnung von der Existenz monströser Ungeheuer, die die gesamte westliche Welt vehement leugnet, erwies sich als nackte Tatsache.

Schon früh – ich denke etwa kurz nach meinem fünften Lebensjahr – war mir klar geworden, dass ich allein gegen eine vernunftgestörte Aufklärung stand.

Ich erlitt sofort einen Herzstillstand und stand sogleich vor Schreck von den Toten wieder auf, als knapp zwei Sekunden später das zweite Schwein im wilden Galopp aus dem Gebüsch brach. Die Sauerei erreichte die Straße.

Völlig perplex ob der Übermacht der Ereignisse stellte ich in diesem kurzen Augenblick plötzlich fest, dass der Bus – im Gegensatz zu meiner chronischen Monsterpanik – relativ gelassen blieb. Er schien sich überlegen zu fühlen. Und dann sah ich, dass der zweite Keiler es trotz Bremsvorgangs von 30 auf 0 nicht schaffen würde. Er und ich und der Bus – wir alle wussten das. Ich ahnte zudem auch, dass es sich von der Busseite her um ein doch recht gewalttätiges Intermezzo handeln würde.

Es machte Bumm. Weithin hörbar auf Feld und Weide.

Herr Keiler hatte es in der Tat nicht einmal knapp vorbei geschafft, sondern war mit dem Kopf direkt auf meine rechte Busseite geknallt (gebummt).

Alle anwesenden Fahrgäste schreckten hoch, sahen das braune Ungeheuer kurz zuvor noch im fliegenden Galopp und schrien dann:

»Ah!«

Oder so ähnlich.

Der Bus war zum Stehen gekommen. Die 15 Taschenlampenbesitzer stürmten nach vorne, um eine eventuelle Leiche zu beleuchten. Ich öffnete die Tür, trotz meines neu gewonnenen Mutes noch nicht ganz schlüssig darüber, ob Wildschweinleichen noch als Monster einzustufen seien. Den überlegenen Bus und die Menge der Taschenlampen im Rücken ließen mich nach draußen steigen.

Nichts. Keiner da.

Alle anderen stiegen ebenfalls aus und leuchteten auf der Suche nach dem Ergebnis der kurzen Keilerei.

Nach einem weiteren Moment wussten wir jedoch mit Sicherheit, dass jenes Bumm ihn nicht davon abgeschreckt hatte, vondannen zu sauen.

Dieses Schwein.

Sein Schicksal war schon vorgezeichnet gewesen.

Es wäre ein krönender Sieg auf der steinigen Karriereleiter zum Mannsein geworden.

Immerhin, ohne Gehirnerschütterung oder Schädeldeckenfraktur war er wahrscheinlich bei diesem amtlichen Zusammentreffen nicht davongekommen.

Möglicherweise gab es für solche Fälle unter Schweinen Regeln.

Eher im Graben oder im Unterholz an den Verletzungen verenden, als sich dem Feind als Schnitzel ausliefern.

Trotzdem, der Kerl musste zumindest einen monsterhaften Schädel gehabt haben. Ich schaute mir den Bus an in der Erwartung, tierische Spuren der wilden Affäre zu entdecken.

Nichts. Kein Kratzer, keine Delle.

Alle Achtung. Das nun verbleibende Problem bestand also nur noch darin, nicht zu wissen, von wem ich mehr beeindruckt sein sollte.

»Wow! Das war ein Riesenvieh! Irre!« Jemand von den Fahrgästen sprach mich aufgeregt an.

»Ist am Bus etwas kaputt?«, wollte eine fürsorgliche ältere Dame wissen.

»Nein, alles o.k.«, lautete meine Antwort. »Man könnte noch nicht mal von Unfallflucht sprechen.«

»Aber wo ist das Wildschwein?«, fragte ein Mädchen im Teeniealter.

»Wahrscheinlich in der Tierklinik«, lachte ein älterer Herr.

»Ich habe mal einen Film gesehen«, sprach der Erste aufgeregt weiter, »da war das ganz ähnlich. Es handelte sich allerdings um Werwölfe. Einer wurde auch vom Bus schwer angefahren, konnte sich aber retten. Die anderen Werwölfe versammelten sich später dann, um dem Bus, vor allem dem Fahrer, aufzulauern. Sie wollten ihren Kollegen rächen!«

Dabei nickte er vielsagend.

Mit leicht irrem Blick in den Augen, wie mir auffiel.

Absurde Vorstellung.

Einige lächelten mich mitleidig an.

Was manche Leute sich doch für einen Schund anschauen, ging es mir durch den Kopf. Das weckt bei einem nüchtern denkenden Erwachsenen doch nur Kopfschütteln.

Außerdem kann man als Vernunftbegabter irgendwann Realität und Fantasie nicht mehr auseinanderhalten.

Und sowieso hatte ich das Schwein höchstens leicht angefahren.

»Stimmt«, meinte der ältere Herr, »den habe ich auch gesehen. Sehr realistische Produktion! Durchaus vorstellbar!« Und er zog die Augenbrauen hoch.

Was?

Die ältere Dame schaltete sich ein: »Ich halte ja gar nichts von solchen Horrorgeschichten. Rein aus Prinzip. Neulich las ich ein Buch, in dem es um einen Taxi-fahrer in Australien ging, der von wütenden Kängurus zerrissen wurde. Wer sich so was ausdenkt! Ich habe so mitgelitten!«

Das Mädchen stand mit offenem Mund.

Diese Erwachsenenbrut. Kein Respekt vor den un-schuldigen Kinderherzen. Und dann wundern sie sich, wenn die heranwachsenden Mütter der Nation so sehr auf lange Fingernägel stehen.

»Kennt jemand das neue PS-3-Spiel?«, stieß sie plötzlich hervor. »Es heißt ›Slaughter in the train‹! Die Fahrgäste werden zu Zombies und rächen sich an den sadisti-schen Fahrscheinprüfern und später am Zugführer. Die arbeiten mit Kettensägen und so ...«

Alle schauten sie sprachlos an.

Ah. Jetzt kommt endlich ein gerechtes Gericht über diese durch und durch verdorbene Jugendbande.

»Nein, leider nicht. Wir haben unserem Enkel etwas Ähnliches zum Geburtstag geschenkt. Aber das war es nicht. Es hieß, glaube ich, ›Dinner manners for zom-bies‹.« Der ältere Herr lächelte einfühlsam und schüt-telte den Kopf.

»Nein«, meinten auch die anderen und schüttelten ebenfalls die Köpfe, beschämt darüber, dass sie zuge-ben mussten, den Anschluss an die neuen Kulturgüter verpasst zu haben.

Schließlich schaute die ältere Dame in die Dunkelheit und danach mit weit geöffneten Augen in die Runde.

»Ich halte ja gar nichts von diesen Horrorgeschichten. Rein aus Prinzip. Ich habe vor einiger Zeit davon gelesen, dass so ein Rudel Wildschweine einen Wanderer auf offener Straße ...«

Weiter sprach sie nicht, da ich plötzlich im Augenwinkel etwas wie eine schnelle Bewegung in einiger Entfernung auf dem dunklen Feld wahrgenommen hatte und ruckartig den Kopf drehte. Dann hörten wir alle, wie etwas Schweres, wahrscheinlich Wildes, vorbeigaloppierte. Ein unsichtbarer, aber doch spürbar scharfer Schauer durchfuhr jeden von uns.

Ein Zeuge. Ein Kurier. Die Werwölfe!

Jedes nette Gespräch hat mal ein Ende, was wollte man denn auch draußen allein auf der einsamen, dunklen Landstraße noch rumstehen, wo es drinnen so schön gemütlich und hell war. Alle stürmten in aller gebotenen Gelassenheit dem Einstieg zu und beobachteten mit betont gelangweiltem Gesicht dabei die Dunkelheit.

Ruck, zuck war die Tür zu, wer jetzt noch gezögert hatte, hatte Pech gehabt.

Der Motor sprang beim ersten Mal nicht an. Vielleicht die überlastete Batterie.

»Soll ich einen Verkehrsdienst rufen?« Jemand mit einem Handy war zu mir mit einem Satz nach vorne gesprungen. Beim zweiten Startversuch erwachte der Motor stotternd. Wir lächelten uns nervös an. Der Mann nickte mir aufmunternd zu, was wohl als versteckter Hinweis zu verstehen war, dass ich vielleicht etwas schneller fahren dürfte als zuvor.

Ich gab Gas. Im Gegensatz zur früher herrschenden ausgelassenen Stimmung ging man nun dazu über, die Stimmung auszulassen.

Sicher, wir alle sind westlich und wissen, dass das Märchen vom Rotkäppchen und dem bösen Werwolf niemals passiert sein kann. Schon allein deshalb, weil es einfach zu lange her ist.

Aber ausgerechnet auf der dunklen Landstraße fällt einem dann ein, dass in »Jurassic Park« anfangs auch alle so dachten.

Ich beschleunigte den klapprigen alten Bus auf leicht verbotene 90 Km/h. Irgendwann musste die dunkle Landstraße ja mal in irgendwelche Zivilisationen führen.

Schließlich kam auch tatsächlich in einiger Entfernung Land in Sicht. Noch etwa 5 km, dann wäre da ein Schnellrestaurant. Mit Toilette. Hoffentlich gab es dort nicht irgendwelche Schweine ...

Es war wirklich beschämend, dachte ich mit einem Mal, als ich in den Innenraumspiegel schaute. Wir alle saßen mit weißen Gesichtern im Bus, hielten uns verkrampft an der Lehne des Nachbarn oder am Lenkrad fest, getrieben von einer durchseuchten Fantasie, die aus Kinderängsten, medialen Albträumen oder Schlachthausbüchern herrührte.

Schande über uns.

Und wenn ich an die Schweine dachte, musste ich eingestehen, dass unsere degenerierte Gedankenwelt ganz ähnlich war: irgendwie versaut.

Wir waren gut 2 Kilometer gefahren, da nahm ich in nicht allzu weiter Entfernung mehrere Gegenstände auf der Straße wahr.

Ich verlangsamte die Geschwindigkeit. Das Fernlicht war mir keine Hilfe, da es mit der Erforschung des Mondes beschäftigt war. Langsam rollte der Bus näher heran.

Kurz darauf stockte mir das Herz zum zweiten Mal.

Die vermeintlichen Gegenstände bestanden aus einem Rudel zahlreicher Wildschweine.

Wie Frischlinge waren wir in eine Falle gefahren.

Die Fahrgäste schauten erst ungläubig auf die Szene, dann stürmten wieder alle auf einmal nach vorne, die Taschenlampen auf's Hellste erleuchtet.

Entsetzen hatte uns erfasst und zunächst sprach keiner ein Wort.

Was tun?

Mir fiel nichts weiter ein.

Jemand brachte schließlich leise zum Ausdruck, was allen auf dem Herzen brannte: »Schweinerei.«

Ich ließ mir die verfahrene Lage und unser Gespräch auf der Straße noch einmal in aller gebotenen Kürze durch den Kopf gehen.

Wie lässt sich schweinische Aggression umstimmen?

Und wie erkläre ich den aufgebrachten Tieren, dass das vorhin keine böse Absicht war?

Um jetzt in Sicherheit zu sein, müsste man zum Rudel gehören.

Abwegig ... Irgendetwas sollte jetzt möglichst schnell geschehen.

Man müsste vielleicht …

Flugs nahm ich den Fahrplan, der aus einem Din-A-4 Blatt bestand. Ich schnappte mir mit zitternden Fingern einen dicken Filzstift, den ich immer bei mir trage, und schrieb vier Worte auf die weiße Rückseite.

Ich hoffte eines: Wenn Schweine sich innerhalb kurzer Zeit in solch einer Weise organisieren können, dann können sie vielleicht auch lesen.

Langsam ließ ich den Bus an das wilde Rudel heranrollen, das unbeweglich und mit drohendem Grunz auf der Fahrbahn verharrte.

Als es in Leseweite war, hob ich die Botschaft hoch, versuchte, sie ruhig zu halten, und leuchtete sie mit der Halogenlampe an.

Ich wartete einen Moment auf eine Reaktion und wurde nicht enttäuscht.

Unfassbar, wozu Wildschweine in der Lage sind.

Sie schauten tatsächlich zu meinem Blatt empor. Ich erkannte es daran, dass einige Tiere ihre Lesebrillen aufgesetzt hatten.

Dann geschah das Unerwartete. Das Rudel setzte sich langsam und schnaufend in Bewegung, räumte die Straße und überließ uns die Fahrbahn. Ich gab vorsichtig Gas und fuhr bedächtig an den Schweinen vorbei, freundschaftlich grunzend.

Sie beäugten uns misstrauisch von rechts und links.

Kurz bevor das Schweinespalier endete, sah ich ein mir bekanntes, armseliges Schwein am Straßenrand sitzen. Es trug einen dicken Verband am Kopf. Neben ihm, auf Hinterfüßen, eine Sau, vielleicht seine Schweinefrau, mit der er in wilder Ehe lebte. Eine ihrer Vorderklauen war tröstend um den Hals ihres geliebten Keilers gelegt, die andere Klaue winkte mir drohend zu. Ich hatte die Botschaft verstanden.

Der Bus nahm kurz darauf wieder Fahrt auf, die Fahrgäste stürmten nach hinten, um zu beobachten, ob uns jemand folgte. Aber die Dunkelheit hatte das Rudel bereits wieder verschluckt.

Ohne jeden Zwischenfall passierten wir das Schnellrestaurant, beschlossen einstimmig, nicht anzuhalten, und erreichten bald darauf die hell erleuchteten Straßen einer Stadt.

Es kam wieder Leben in den Bus.

Manche griffen sich vor Aufregung an die Stirn, lachten erleichtert, analysierten das Ganze von jeder erdenklichen Denkmöglichkeit und gingen bald darauf wieder über, sich Geschichten über Bücher, Filme, Spiele und Kindheitserinnerungen zu erzählen.

Als der Bus schließlich die Stadt durchquert hatte und alle beim Hauptbahnhof ausstiegen, hatte die gute Stimmung ihren Höhepunkt erreicht und keiner war sich mehr wirklich sicher, ob die erlebten Ereignisse nun Teil eines Films gewesen waren, den sie neulich mal gesehen hatten, oder ob sie nicht doch in einem dieser Horrorkrimis standen, den diese ältere Dame rein aus Prinzip niemals gelesen hatte.

Die meisten beabsichtigten sowieso die heutige Hausparty des Tierschutzvereines zu besuchen.

Vamos. Lasst die Sau raus!
Ich schaute ihnen zu und dachte nach.

Ab heute würde sich etwas grundlegend verändern.
Ich hatte verstanden, dass ich mich nur noch ohne Bus
zu fürchten brauchte.
Außerdem hatte ich zwei Dinge über Wildschweine
gelernt. Sie bewegen sich in Wirklichkeit auf einem
hohen Intelligenzniveau und sie gewähren den Ihren
gnädig Amnestie.
Dann nahm ich noch einmal die rettenden vier Worte
zu Hand und las sie demütig durch:
»Hier nur harmlose Verwandte«.

DER SEGEN DES FREIEN HANDELS

Der Welt des freien Handels stehe ich unschuldig gegenüber.
Jungfräulich sozusagen.
Man könnte auch sagen »behindert«.

Und ich hatte eigentlich nicht vor, das zu ändern.
Aber das Glück zwang mich dazu.

Es begab sich, dass unsere Stadt eine neue Linienführung beschloss. Sie sollte zuerst das städtische Altersheim bedienen, am städtischen Krankenhaus vorbeiführen, dann am städtischen Hallenbad und schließlich am städtischen Einkaufszentrum enden.
Ruck, zuck, wie das eben im Schnellverfahren bei den Ämtern so ist, wurde der Plan nicht nur beschlossen, sondern auch ins Auge gefasst.
Fünf Jahre später war ich montags pünktlich um 9.30 Uhr der glückliche Fahrer, der seine ersten Erfahrungen mit der neuen Linie machen durfte.
Ich öffnete die Tür an der Haltestelle, die ganz in der Nähe des Eingangsbereiches zum Altersheim lag, ganz wie geplant.
Da ich etwas zu früh war, stellte ich den Motor ab.
Zuerst erklomm ein älterer Herr die beiden Stufen an der Eingangstür. Ich schaute ihm geduldig dabei zu, wie er langsam zur Ebene meines Fahrerthrones emporkroch und dabei hoffnungslos nach einem Halt suchte.

Dann blickte er mich freudestrahlend an, nahm meine Hand, wünschte mir einen wunderschönen Tag und meinte, dass das hier eine ganz, ganz tolle Idee sei. Er wäre wirklich sehr dankbar. Ich nickte ihm voller Mitgefühl zu, wissend, dass ich keine Ahnung hatte, wovon er sprach. Vielleicht von dieser neuen Buslinie. Er fuhr damit fort, dass die älteren Damen und Herren ja nicht mehr ganz so gut zu Fuße seien. Und ob ich ihm bitte zwei Bleistifte verkaufen könnte.

Blaue, wenn's ginge.

»Bleistifte«, murmelte ich langsam vor mich hin. Keine Frage. Spontan stellte ich fest, dass es ein mir bekanntes Wort war. Es war mir früher schon irgendwo mal begegnet.

Warum aber fragt er mich das?

Ich sprach den sehr freundlichen Herrn an, ob er nicht doch lieber einen Fahrschein kaufen wolle. Er schaute mit befremdetem Blick und dachte einen kurzen Moment lang nach. Dann nickte er entschlossen.

»Ja, das ist eigentlich eine gute Idee. Ich wusste gar nicht, dass sie so gut sortiert sind. Bitte geben Sie mir gleich noch eine Schülermonatskarte für das neue Schuljahr.«

Entsprechend meiner über Jahre eingeübten Fähigkeit in Bezug auf das Ausdrucken von Fahrscheinen hatte ich die Monatskarte in Nullkommanichts in den Händen.

Dann blickte ich den Fahrschein an, erkannte, was ich eben getan hatte, und wandte mich wieder an den Herrn.

»Bitte entschuldigen Sie, aber das ist eine Schülermonatskarte für die nächsten 10 Monate. Sie kostet 360 Euro. Sind Sie wirklich sicher?«

Der Herr nickte wieder freundlich.

»Und bitte noch die beiden Bleistifte. Ach – und haben Sie auch noch zwei Radiergummis, bitte? Farbe ist egal.«

Die Worte kamen so selbstverständlich über seine Lippen, dass ich mich unwillkürlich umsah. Wo war die versteckte Kamera?

Dann fiel mein Blick auf die Eingangstür des Altersheimes. Aha, dachte ich. Wahrscheinlich also eher ein Fall von Demenz.

Oder eine andere Art der Phobie.

Mich erfasste Mitleid.

Am besten einfach mitmachen.

Ich griff nach meinen Utensilien und schaute nach.

»Tut mir leid«, versuchte ich als Beitrag beizusteuern, »ich habe hier leider nur einen Bleistift. Der ist zufällig blau. Und einen Radiergummi, allerdings schon etwas benutzt.«

»Ah ja. Ich nehme trotzdem beides. Vielleicht könnten Sie bitte für Nachschub sorgen, ja? Unser Enkel hat übermorgen seinen ersten Schultag in der dritten Klasse.«

Das klärte die Lage schon wenigstens etwas auf.

Bevor ich weiterfragen konnte, schob sich eine Frau von hinten in den Vordergrund. Sie wirkte für ihre bestimmt mehr als 65 Jahre sehr lebendig und attraktiv.

»Ich hätte gern zehn frische Landeier.«

Die beiden mussten verwandt sein. Oder verheiratet.
Jedenfalls lag eine Phobie im Quadrat vor.
Während ich versuchte, die Krankheit aufgrund meiner
medizinischen Kindergartenkenntnisse zu entschlüs-
seln, bückte ich mich nach meiner Tasche. Aus ihr zog
ich eine Frühstücksbox.
Vielleicht müsste ich die beiden irgendwie ablenken.
Oder beruhigen. Wer weiß. Wenn ich einem solchen
Fall widersprechen würde, hätte das womöglich epi-
leptische Konsequenzen.

»Ähm, ich habe hier leider nur ein gekochtes Ei …«
»Von wann?«, wollte die ebenfalls freundliche Dame
wissen.
»Von heute morgen.«
»Ja, das nehme ich dann.« Daraufhin kam sie etwas
näher und ihre Stimme wurde flüsternd.
»Und geben Sie mir bitte noch zwei Päckchen Kon-
dome.«
Sie blickte mir strahlend ins Gesicht.
Ohne mit der Wimper zu zucken.
Einen Moment lang war ich nicht anwesend, während
meine Augen auf sie geheftet blieben. Dann begann
meine Hand völlig desorientiert in meiner Tasche zu
wühlen.
Ich fand keine.
Um Himmels willen. Wie konnte ich nur die Kondome
vergessen.

Es schien nicht so schlimm zu sein. Morgen wäre ja auch noch ein Tag. Die Liebe dränge nicht, scherzte die Dame und zwinkerte mir zu.

Mir war eigentümlich seltsam zumute.

Dennoch fand ich das alles auf eine gewisse Art überaus süß und reizend.

Schön außerdem, dass sie so verantwortungsbewusst dem drohenden Mutterglück vorbeugen wollte.

»Was macht das dann alles zusammen?« Der freundliche Herr war wieder an der Reihe.

Ich war etwas unschlüssig und meine Augen wanderten zwischen beiden hin und her.

»Äh, also, die Monatskarte kostet 360 Euro. Die anderen Dinge gibt es heute kostenlos.«

»Prima! Ach ja! Heute gibt es bestimmt Rabatte! Eröffnungstag. So ein Zufall!« Die beiden lagen sich für einen Moment lang glücklich in den Armen.

Dann kam mir ein Gedanke.

»Vielleicht möchten Sie zum Einkaufszentrum mitfahren. Dort könnten Sie alles Weitere ...« Ich fuhr mit einer undefinierbaren Handbewegung fort.

»Wieso?«, fragte mich die Dame.

»Wir sind doch schon da«, schloss sich ihr Mann, Freund, Geliebter, Lebensabschnittsgefährte ... an.

Ich konnte den beiden nicht folgen.

»Sie sind doch ein neues mobiles städtisches Einkaufszentrum, nicht? Es steht doch groß vorne auf Ihrem Bus!«

Dann stieg er aus und deutete auf das Zielschild. Darauf stand eindeutig und völlig unmissverständlich: »Städtisches Einkaufszentrum«.

Es dauerte bei mir nur einige wenige Stunden, bis der Groschen fiel.

Man kann über den Busfahrer denken, was man will. Aber wer neben sich einen echten Geldwechsler mit runden Münzen führt und noch dazu verdammt ist, ohne maschinelle Hilfe binnen Sekunden auszurechnen, wie viel 10 Kurzstrecken zum Einzelpreis von 1 Euro kosten, der bewegt sich in der Welt des freien Handels wie ein Fisch im Wasser.

Am nächsten Tag begab ich mich in aller Frühe zum Großhändler mit einem auf dem Rathaus flugs erworbenen Gewerbeschein für freie Zirkusartisten.
Dort kaufte ich ein.
Ein berauschender Zustand.
Jetzt verstehe ich den Materialismus.
Zehn Kisten blaue Bleistifte à fünftausend Stück, zehn weitere grüne.
Es begann mir zu Kopf zu steigen.
In einem Nachbarregal sah ich Lineale und Anspitzer.
5 Kisten.
Links daneben endlich auch Radiergummis. Rechts davon Blätter, Blätter, Blätter. Dazu Hefte in bekannten DIN-Formaten und solchen, die ich nicht einmal aussprechen konnte.
7 Kisten.

Ob 1000 Euro Dispokredit ausreichen würden?
In der Nähe der Kasse hatte jemand zufällig Schlüssel-
anhänger, Kaugummis, Schokoriegel, Zigaretten, Tam-
pons, Kondome, Büstenhalter, Weihnachtssterne und
Schnürsenkel massenweise deponiert.
Ich nahm mit.
Aus dem häuslichen Kühlschrank stahl ich Eier. Die
von weißen und die von braunen Hühnern.
Die braunen waren sicher Landeier. Bei den weißen
war ich mir nicht sicher.
Vermutlich Stadteier.

Natürlich hatte ich den beiden glücklichen Liebenden
nicht die Wahrheit über meine Linie gesagt. Wie hätte
ich können. Bei diesen neuen Perspektiven.
Sie waren danach wieder ausgestiegen und würden heute wiederkommen. Und mit absolut hoher Wahrschein-
lichkeit hatten sie die frohe Botschaft vom neuen mobilen städtischen Einkaufszentrum nicht für sich behalten.

Man muss der Angelegenheit zugute halten, dass der
Verdienst manch eines Busfahrers nicht übermäßig
frohlockend ist.
Sich ein paar Euros nebenbei dazuzuverdienen, betrachtete ich als praktisch obligat.
Denn wer – so sagt sich der staatstreue Einkäufer, der
mit Freuden Verantwortung für die Gesellschaft über-
nimmt – soll sonst die Mehrwertsteuer finanzieren?
Mit gutem Gewissen also in diesem Sinne und überla-
denem Pkw fuhr ich zum Betrieb.

Im Bus verschaffte ich mir Platz.

Ein kleineres Sportlenkrad war schnell montiert, einen Teil der seitlichen Ablagefläche schraubte ich heraus und von den Instrumenten und Schaltern, von denen ich wusste, dass ich sie sowieso nur im Winter benötigen würde, sägte ich mit der Motorsäge ein großes Stück ab, sodass eine klaffende Lücke blieb, durch die ich die Straße beobachten konnte.

Genug Platz für 10 Kisten.

Mir blieb noch so viel Zeit, dass ich 14 Minuten vor der Abfahrt die gestrige Haltestelle erreichte.

Ich wurde nicht enttäuscht.

Eine Traube von wertvollen, geschätzten Personen älteren Alters stand bereit und wartete auf mich. Noch nie zuvor hatte ich so viel hoffnungsvolle Zukunft in der älteren Generation gesehen.

Ich möchte hier nicht die Details der Veranstaltung ausbreiten, das Glück wäre zu erdrückend.

Es war ein Fest.

Die Preise hatte ich recht moderat gestaltet, wohl wissend, dass der Erfolg des Unternehmens in der langsam ansteigenden Preiserhöhung liegt.

Nach einer Viertelstunde war die Hälfte meines Vorrats aufgekauft. Darüberhinaus hatte ich während der Veranstaltung eine »Knaller«-Liste entsprechend des erfragten Bedarfs zusammengestellt, die mir daraufhin bei der Spezialisierung der Waren eine ausgezeichnete Hilfe war.

Kaum 3 Tage vergangen, da boomte der Laden.

Es kam mir zuhilfe, dass ich zu jener Zeit den ganzen Tag über eben nur diese eine Linie fuhr und niemand von meinen Kollegen mir in die Quere kommen konnte. Allgemeine Verspätungen während der gesamten Schicht nahm ich geduldig in Kauf. Ich fühlte mich beschenkt, ja geradezu zum Handeln gezwungen durch das neuegewonnene Glück.

Ein paar der älteren Herrschaften fuhren nach ihrem Einkauf noch einige Haltestellen mit, aber fast niemand fuhr bis zur Endhaltestelle, dem früheren städtischen Einkaufszentrum.

Ich stellte meine Frau als freiwillige schwarze Mitarbeiterin an. Wir kauften einen neuen Computer, machten einen Excel-Grundkurs und entwickelten raffinierte platzsparende Konzepte für die Ware.

Zudem kann sie hervorragend zeichnen und entwarf daher in kurzer Zeit eine Unmenge von kleinen und großen Werbeschildern, die man mit Saugnäpfen an der Windschutzscheibe schnell befestigen und wieder abnehmen konnte.

Jedes Problem, jede Art der Bestellung fand irgendeine Art der Lösung. Wir befragten bei besonders schwierigen Angelegenheiten unsere Kinder. Unser Familienleben erlebte einen beispiellosen moralischen Aufschwung.

Ob Flachbildschirme, Sonnenschirme, Satellitenschirme oder Klappschirme. Wir verkauften sie.

Möbel, Klosetts und Neuwagen – alles konnte beschafft werden.

Schwierig wurde es erst bei Fertighäusern.
Vielleicht müsste ich eine stationäre Filiale gründen.
Die Vorbereitungen liefen auf Hochtouren.

Mitten in den schönsten Planungen hinsichtlich der
Filiale und unseres neuen vierstöckigen Eigenheims
ereilte uns nach ein paar Monaten eine existenzielle
Katastrophe.

Die Linie wurde verändert.

Man hatte beobachtet, dass das Fahrgastaufkommen
abnahm. Besonders im Hinblick auf das städtische
Einkaufszentrum. Der Umsatz dort war aus unerfind-
lichen Gründen deutlich zurückgegangen.
Die Linie wurde rationalisiert und damit gekürzt, und
zwar bis zum städtischen Hallenbad.

Wir hielten mehrere Familien-, Krisen- und Katastro-
phensitzungen ab. Probleme bereitete vor allem das
neue Zielschild »Städtisches Hallenbad«.
Wir planten, den drohenden Niedergang der Firma
abzufedern, indem wir uns ein reichhaltiges Sortiment
von Badeartikeln zulegten.
Die älteren Herrschaften hatten zunächst damit Mühe
zu verstehen, dass das städtische Einkaufszentrum
seine Mobilität verloren hatte.
Da sie meinem Krämerladen und mir aber treu erge-
ben waren, baten sie um Rat.

Ich erklärte ihnen zweierlei.

Erstens den Weg zum stationären städtischen Einkaufszentrum, das aus Kostengründen seine Mobilität aufgegeben hatte. Das tat ich aus strategischen Gründen. Ich musste irgendwie das Vertrauen für den gewagten zweiten Schritt gewinnen.

Zweitens, dass es eine neue, völlig geniale Idee der Stadt gäbe:

ein mobiles Hallenbad.

Es würde noch ein paar Tage dauern, dann wäre auch das Wasser da.

Sie könnten in der Zwischenzeit Badeartikel erwerben.

Leider funktionierte das nicht auf Dauer.

Es war sowieso abzusehen, dass die ganze Idee mit dem mobilen Hallenbad seine plantechnische Grenze hatte.

Nach einigen Tagen des eher schleppenden Verkaufs erklärte ich ihnen den Weg zum stationären Hallenbad, das aus Kostengründen seine Mobilität erst gar nicht unter Beweis stellen konnte.

Fast zeitgleich damit kam die absolute Hiobsbotschaft.

Die Linie wurde weiter gekürzt.

Es war definitiv aus.

»Städtisches Krankenhaus«.

Man hätte Behandlungszimmer einrichten müssen.

Wir gaben auf.

Schluss. Fertig. Insolvenz.

Allerdings währte die familienlokale Wirtschaftsdepression nur 2 Wochen.

Danach ereilte meine Frau eine unvergleichliche Idee. Durch die Computerkurse hatten wir das Handwerkszeug erworben, mit dem man den Kassencomputer des Busses knacken konnte. Er ist auch für die Außenbeschilderung zuständig.
Wir entwickelten ein neues Konzept, bauten neue Regale in den Bus ein und erlebten eine beispiellose Wiederbelebung unseres Ladens.
Besonders unsere Kinder sind in der Zwischenzeit in Bezug auf Ideen und Beschaffung des Materials nicht zu schlagen.
Unsere gemeinsame Kreation für Pausenzeiten während meiner Linien, für Zeiten vor der Abfahrt und nach Feierabend lautet:
»Monopol-Videothek«.

Der Andrang ist unglaublich.
Besonders im X-Box-Spiele-Sektor ist er aufgrund pausenloser Nachfrage seitens älterer Herrschaften nicht mehr zu stoppen.

KAFFEE

Günther setzte sich auf den harten Stuhl und stellte langsam einen dampfenden Kaffee vor sich auf den Tisch. Er atmete tief durch. Sein von Furchen gegerbtes Gesicht wurde vom Dampf des heißen Getränks eingehüllt.

An seinem schneidenden Blick konnte man ablesen, dass man es mit einem Spezialisten zu tun hatte.

Franz saß ihm gegenüber. Unrasiert. Verwegen. Die Augen auf zwei Schlitze verengt.

Vor ihm standen gleich zwei Tassen Kaffee.

Sie sahen sich lange schweigend an.

Günther ergriff schließlich das Wort.

»Das wird eine harte Mission. Das wusstest du.«

Franz nickte.

Sie hatten sich freiwillig für einen gefährlichen Auftrag gemeldet. Das Risiko war groß und sie durften keine Fehler machen.

Klassisches Agenten-Klischee.

Wie für einen Film.

Für einen Rückzug war es zu spät, es war allen klar.

Seit 6 Stunden waren sie unterwegs und würden nach weiteren 6 Stunden das alpine Gebirge erreichen.

Im Reisebus fielen sie unter den anderen Leuten, unternehmungslustige, nichtsahnende Touristen, nicht weiter auf.

Noble Garderobe.

Die Tarnung war perfekt.

Sie bewegten sich in dieser Reisegesellschaft so unauffällig wie möglich, saßen weit vorne, um in keine unnötigen Befragungen verwickelt zu werden.

Im Autobahnrestaurant hatten sie sich in eine Ecke zurückgezogen, fern der anderen. Der Bus hatte angehalten, um eine Toilettenpause zu gewähren.
Manche der Fahrgäste gönnten sich eine heiße Mahlzeit.
Die beiden besprachen leise miteinander die Lage.

»Franz, hör mir jetzt gut zu. Du musst deine persönlichen Belange zurückstellen. Du kennst die Regeln.«
Franz nickte erst stumm. Dann meldete er Widerspruch an:
»Hast du dir mal überlegt, wie heikel das alles hier ist? Wir sind seit über 70 Stunden auf den Beinen. Wir können nicht einen riskanten Auftrag nach dem anderen durchführen. Für Vaterland und ›Firma‹.« Dabei hob er in gespielter Nationalbezeugung die Hand.
»Darunter leidet die Professionalität. Irgendwann machen wir Fehler.«
»Ich weiß, ich weiß«, lenkte Günther ein. »Aber im Moment steht einfach zu viel auf dem Spiel. Hast du die Streife gesehen? An der Einfahrt zum letzten Rastplatz. Sie winkten dem Bus anzuhalten.«
»Wo soll das gewesen sein?« Franz zeigte sich überrascht. »Ich war sicher kurz eingenickt.«
Günther schaute seinem Partner ernst ins Gesicht:
»Ich will es nicht unnötig dramatisieren. Aber ich habe

langsam die leise Ahnung, dass man nach uns sucht.«
»Du meinst die Bundespolizei?«, gab Franz ungläubig zurück.

»Ich denke, dass sie von der Sache Wind bekommen haben«, antwortete Günther und lehnte sich zurück. Er trank bedächtig einen großen Schluck aus seiner Tasse.

»Die Konkurrenz«, schloss er und bewegt Mittelfinger und Daumen aneinander, um anzudeuten, dass es um Schmiergelder ging, »Jemand will, dass wir aus dem Verkehr gezogen werden.«

»Wir können uns einen Kontakt mit den Behörden nicht leisten«, entschied Franz, »meine Identität ist aufgeflogen. Ich gebe es ungern zu. Meine Papiere und mein Führerschein wurden bei der letzten Mission beschlagnahmt. Nur mit knapper Not konnte ich nach einigen Judogriffen durch den Abwasserkanal entkommen.«

Günther nickte.

»Ich weiß. Und leider sieht es bei mir nicht anders aus. Nach der Hausparty bei unserem letzten Auftraggeber. Eine Kontrolle. Weg.« Seine Hand machte eine Bewegung nach hinten.

»Ist das nicht schon über 3 Jahre her?« Franz wirkte todmüde, die Worte kamen etwas lallend über seine Lippen.

Günther nickte widerwillig. »Dieses Undercover-Ding ist gefährlich geworden.«

Franz gähnte lange und anhaltend.

»Eine Autobahnstreife wäre das Ende. Und es wäre ein

Wunder, wenn wir mit diesem Fahrzeug da nicht kontrolliert werden. Ich habe mir bei der letzten Toilettenpause einmal unauffällig diesen Bus draußen angeschaut. Die vorderen Reifen sind total abgefahren, in den hinteren stecken irgendwelche Metallstücke, außerdem war die linke hintere Felge total heiß. Wahrscheinlich klemmt ein Bremszylinder. Und das ist – soweit ich gesehen habe – keine ausländische Technik. Unglaublich. Welche Firma setzt solches Material ein! Und hinter dem Bus sah ich eine feine Ölspur! Das bedeutet, dass dieses Ding eine Spur direkt zu uns legt. Wir sind verloren.«

»Nein sind wir nicht!« Günther beugte sich aufgeregt vor und schlug leise mit der Faust auf den Tisch.

»Ich habe in den Gepäckraum unsere faltbare Spezialausrüstung geschmuggelt. Du weißt schon.«

Franz schaute einen Moment lang bestürzt.

»Du meinst ...?«

»Jetzt schau mich nicht so an. Das System ist ausgereift. Deutsche Wertarbeit. Damit arbeiten wir und die Kollegen schon seit Jahren. Praktisch schon seit Kindertagen.«

»Das soll dein Ernst sein? Du willst es tatsächlich wieder mit den Klappfahrrädern probieren?«

»Stell dich nicht so an. Damit fahren wir zur Not in den Gegenverkehr auf der A5. Das hat schon die letzten beiden Male funktioniert.« Günther hob bestätigend die Schultern.

»Wie willst du das denn machen – mit deinem Bein?« Franz lallte unverhohlen. Sein Kopf schwankte unter bleierner Müdigkeit. Seine Worte kamen langsam und schleppend.

»Beim letzten Manöver mit diesen Dingern bist du zwischen der Überholspur und der mittleren Spur auf mich draufgefahren, weil du einem Ferrari ausweichen wolltest. Dann sind wir beide erst mal hingefallen. Ich konnte nur mit einer schnellen Linksrolle dem Audi entkommen. Du hast zwar mit einem Handstand den Motorradfahrer knapp verpasst, wurdest aber von dem Lkw frontal erwischt. Erst 5 km später bist du mit dem Fuß vom Scheibenwischer abgerutscht. Dann war natürlich dein Bein gebrochen.«

Günther hatte schweigend zugehört und betrachtete nun sein Gipsbein.

Franz fuhr mit geschlossenen Augen fort:

»Und jetzt kannst du immer nur eine halbe Stunde, weil du irgendeinen Krampf bekommst. Dann ich wieder. Schon die letzten 5½ Stunden. Ich kann nicht mehr.«

Jetzt verlor Günther seine Geduld.

»Jetzt reiß dich gefälligst zusammen! Wir müssen durchhalten. Vor allem du. Wenigstens so lange, bis wir die Ware abgeliefert haben!«

»Wo war das überhaupt?« Franz nickte im Halbschlaf.

»Irgendein Hotel am Fuß der Alpen. Ich habe keine Ahnung. Aber die Typen im Bus werden es wissen.«

Günther trank erneut.

Franz schnarchte.

»Franz!« Günther tippte ihn an, er reagierte kaum.

Günther rückte seinen Stuhl neben Franz und führte eine Tasse heißen Kaffee an seine Lippen.

»Trink, Mensch. Lass uns nicht im Stich!«

Franz trank schlaftrunken, verschluckte sich und hustete.

»Mensch, Franz! Trink weiter! Du musst!«

Franz wehrte ab.

»Ich kann nicht mehr. Ich muss schlafen. Lass mich hier schlafen und sterben.«

»Spinnst du? Jetzt trink endlich. Ich bezahle Dir auch danach zwei Espresso. Damit schaffst du das!«

»Ich hatte doch vorhin schon drei getrunken. Das bringt nichts mehr.«

Günther gab nicht auf.

»Dann nimm das hier.« Er hielt Franz eine geöffnete Kaffeepulverpackung unter die Nase, die er aus seiner Jackentasche gezogen hatte. »Iss das Zeug! Damit bleibst du im Wachkoma!«

»Hab ich doch auch schon. Es hat keinen Sinn. Ich bin einfach zu müde. Ich will nur noch schlafen … schlafen … schlaf…« Er schnarchte erneut.

Günther raufte sich die Haare.

Dann biss er sich auf die Finger und sprach mehr zu sich selbst:

»Franz! Franz! Tu uns das jetzt nicht an. Wenn wir nicht weitermachen, verlieren wir den Auftrag. Wie sollen wir dann das geliehene Fahrzeug finanzieren. Meine Spielschulden. Deine Zahnarztrechnung. Unsere gefälschten Pappen aus dem Ausland. Unsere Scheinfirma.«

Er rüttelte Franz, der tief und fest schlief.

»Was soll aus uns werden? Wir sind Fahrer, was anderes können wir doch gar nicht!«

Franz rutschte vom Stuhl und schnarchte hemmungslos auf dem Boden weiter.

Günther sah ihn an, dann seufzte er tief und sprach aus, was er schon seit einiger Zeit über seinen Partner dachte:

»Aus dir wird nie ein richtiger Reisebusfahrer.«

ALLES ERSTUNKEN

Es begann damit, dass sie zu husten begann.

Frau Wurster war eine stattliche, ältere Damenerscheinung. Sie trug eine Brille auf dem Kopf und am sonstigen Körper stets ein Kleid. Heute schulterfrei. Daraus ragten oben ein rundlicher Kopf mit übermächtiger brauner Lockenmähne und ohne erkennbaren Hals und unten zwei Schuhe, in welchen man die Füße vermutete.
Mit dieser eigentümlichen Aufmachung verschaffte sie sich ohne Worte Respekt.
Vielleicht lag das auch an ihrer Größe.
Vielleicht auch an ihrem Namen.
Niemand setzte sich ernsthaft in ihre Nähe.

Frau Wurster bezog üblicherweise auf dem Viererplatz ihr Revier und genoss die komplette Busfahrt mit 3 leeren Sitzen um sie herum.
Jeder, der um diese Uhrzeit mitfuhr, kannte sie.
Ihre Gegenwart war allgegenwärtig.
Machte sie ein auffälliges Geräusch, zum Beispiel eines mithilfe ihrer Zähne, die sich auf einer frisch erworbenen Backware zermalmend bewegten, so war die Sache gegessen. Das war klar.
Sie schaute dabei völlig legal.
Einen solchen Blick entwarf sie auch, wenn sie mit dem Handy mit dem Frauenarzt telefonierte und hör-

bar die Details der letzten Untersuchung mit ihm durchging.

Sie war ein Phänomen. Ob sie Freunde hatte?

Heute jedoch hatte sie ein Problem. Sie kaute nicht, sondern hustete.

Möglicherweise eine Sommergrippe, diagnostizierte ich, denn ich pflegte sie und ihre Umgebung möglichst unauffällig im Innenraumspiegel zu beobachten. Nach einigen Hüsteleien wurde der Husten stärker, vor allem lauter. Selbst massenweise eingeworfene Hustenbonbons änderten nichts daran.

Da fiel mir ein, dass die Klimaanlage auf vollen Touren lief und damit möglicherweise einen unterstützenden Faktor darstellte. Einen Moment lang hatte ich Mitleid und wollte sie abdrehen.

Doch dann dämmerte mir, dass alles Bisherige nur die Einstimmung des Instrumentes gewesen war. Frau Wurster hob nun langsam, aber entschlossen zu einem virtuosen Hustenkonzert an, das ich mir nicht entgehen lassen konnte.

Es begann mit einigen noch zaghaften Staccato-Motetten in Pull-Moll.

Sopran, Alt, Tenor und Bass vereinten sich nach und nach harmonisch hüsterlich in einem einzigen personellen Klangkörper.

Doch nicht nur das.

Die Frequenzgänge, zu denen die begabte Dame während der Vorführung sich ersteigerte, hätten selbst Hunde und Delfine beeindruckt, ich bin mir sicher. Die Komposition enthielt außerdem rhythmische Räusper-Genüsse, die problemlos einen Bogen zwischen Salsa und Discofox spannten.

Ich trommelte mit den Fingern auf dem Lenkrad mit. Spontan komponierte ich einen Schlager.

Wie gesagt, ein Phänomen.

Sie ließ uns nicht im Unklaren darüber, dass sie zudem gnadenlos die Kunst der klassischen Phonetik beherrschte. Ihr Repertoire reichte von der orchestralen Dramatik eines »Ring der Nibelungen« zu den kunstvollen Dialogen in Goethes »Torquato Tasso«. Zweifelsohne, die Dame kannte sie alle.

Ich wollte gerade begeistert losklatschen, da fiel mir ein, dass ich das Lenkrad in eine Haltestellenbucht lenken musste. Jemand wollte einsteigen. Ich hielt also, öffnete die Tür und damit das Einfallstor für ein weiteres Phänomen:

Herr Brettheimer.

Herr Brettheimer brachte ebenfalls eine außergewöhnliche Begabung mit:

Er konnte unglaublich riechen.

Ich bin mir nicht sicher, mit welchen Dingen dieser Welt Herr Brettheimer letztlich Kontakt zu pflegen schien. Er roch jedenfalls danach. Und zwar jedes Mal, wenn wir uns begegneten und er sich nach seiner Gewohnheit direkt hinter mir platzierte.

Stets versuchte ich eine Analyse. Heute tippte ich auf

temperiertes Heringsfilet, Edamer, Osterei, Paprika-Zwiebelgewürz in Mischung mit Polyestersocke und erlesenstem Ohrenschmalz.
Ich war mir aber ehrlich gesagt nicht ganz sicher. Vor allem deshalb, weil die Komposition von einer überaus dominanten Kirschlikör-Note überlagert wurde.

Ich würde nicht sagen, dass er stank.

Glücklicherweise reichte seine Aura nicht weit. Ich vermute, dass die Konzentration der Düfte einfach zu schwer war.
Sie reichte jedenfalls bis zu mir. Das reichte ja.
Wobei ich noch nicht wusste, was geschehen würde, wenn er sich mitten im Bus aufhalten würde.

In der Zwischenzeit musste ich feststellen, dass ich leider eigentlich der Einzige im Bus war, der beinahe geklatscht hätte. Frau Wursters Darbietung entwickelte eine Klangnote, die immer weniger an Bach oder Schiller erinnerte.
Eher an Erbrechen.
Das setzte sie allerdings dann doch nicht in die Tat um, denn dann hätte das hüstliche Konzert vielleicht ein zu baldiges Ende gefunden. Nein, der klangliche Abstieg in diesen zutiefst unteren Hertzbereich wiederholte sich nun oft und fröhlich.
Unter Frau Wursters legalem Blick.
Ich nahm im Spiegel wahr, dass sie heute sogar von allen Fahrgästen wahrgenommen wurde.

Bei einigen der älteren Damen veränderte sich sowohl der Gesichtsausdruck als auch die Gesichtsfarbe. Erst rot, dann weiß, dann grün. Manche der Damen packten Spucktüten aus, während Frau Wurster munter weiterintonierte.

Dann fiel mir auf, dass einige Jugendliche bei bester Laune wohl irgendetwas tuschelten. Als ob es sich um ein Spiel handeln würde.

Ich tippte auf Schiffeversenken.

Bei jedem Hustenvorgang wurden imaginäre Koordinaten ausgetauscht.

Kam es dann zu jenem bedeutsamen wursterlichen Frequenzbereich, war ein Treffer gelandet.

Dann entstand mit einem Mal Bewegung im Bus. Der Begleiter einer älteren Dame mit Spucktüte, womöglich ihr Ehemann, stand auf und bot Frau Wurster entschlossen seine Jacke an.

»Bitte, meine Dame, ziehen Sie sich etwas über Ihre Schultern.«

»Nein, danke!« Zugegebenermaßen wirkte Frau Wursters Antwort etwas schroff. Ihre nachfolgenden Worte ergaben keine Besserung.

»Das liegt nur an dieser blöden Klimaanlage hier im Bus. Die verstärkt den Reiz.«

Ich konnte mich noch nicht gleich dafür entscheiden, welcher Reiz damit gemeint war.

»Der Busfahrer soll die Klimaanlage gefälligst ausstellen!«, polterte die Künstlerin.

Da die sommerlichen Temperaturen bereits 28 Grad

Celsius erreicht hatten, blieb ich zunächst ruhig und wartete ab. Nicht zu Unrecht.

»Bitte, meine Dame. Wenn er die Klimaanlage abschaltet, werden wir hier alle ins Schwitzen kommen. Jetzt ziehen Sie sich bitte etwas über«, entgegnete der Herr etwas drängender.

»Ich denke nicht daran. Dann wird mir zu warm werden und ich beginne zu schwitzen.«

Man musste ihr zugestehen, dass das etwas Logisches hatte.

»Ziehen Sie ihre blöde Jacke doch selbst an und lassen Sie mich in Ruhe!«

(Hüsterchen, Hust, schwerer Hust, dramatischer Hust, Rülps.)

Der ältere Herr blickte etwas hilflos seine Frau an.

Sie blickte eindeutig zurück.

Was es da jetzt wohl hilflos zu gucken gibt, Mann?

Schlag sie zur Not! Erstick sie mit der Jacke!

Er wandte sich erneut an Frau Wurster.

»Wenn Sie sich nicht augenblicklich etwas überziehen, meine Dame, dann bekomme ich … dann bekommen Sie … dann bekommen wir beide Ärger!«

Frau Wurster stand auf.

Es fiel zunächst kein weiteres Wort, da sie den Herrn fest anblickte und ihn um fast einen Kopf überragte.

Wenn Frau Wurster im Bus aufsteht, dann sollte ich damit anfangen, nach Lösungen zu suchen.

Ich entschloss mich kurzerhand zur Bremstaktik.

Unerwartet plötzlich stieg ich in die Eisen. Das bewirkt eigentlich, dass stehende Fahrgäste die Haltung verlieren, hinfallen oder abgelenkt sind.

Die sitzenden Fahrgäste nickten sogleich deutlich synchron mit dem Kopf, was ich als Bestätigung frei interpretierte.

Frau Wurster aber stand aufrecht wie ein Fels in der Brandung. Der Herr mit Jacke wenigstens fiel tatsächlich, allerdings auf Frau Wursters massive Oberweite.

Das war keine Lösung.

Plötzlich und glücklicherweise fiel mir Herr Brettheimer ein. Da ich Herrn Brettheimers Sozialstatus nicht wirklich kannte, aber vermutete, er würde sich über einen stornierten Fahrschein, welchen er kurz zuvor bei mir erworben hatte, freuen, sprach ich ihn unverzüglich an.

»Herr Brettheimer, möchten Sie sich auf der Stelle 2 Euro verdienen?«

Herr Brettheimer nickte augenblicklich, diesmal ohne Bremswirkung, gab mir mit einer schnellen Handbewegung völlig unaufgefordert seinen Fahrschein (als ob er so etwas irgendwie schon geahnt hätte ... oder hatten die Kollegen etwa auch ... ?), ich druckte einen Stornobeleg, gab ihm 2 Euro in die Hand und schickte ihn mit kurzen Befehlen in die Schlacht.

Die Firma darf übrigens nichts davon erfahren.

Schwankend aufgrund gefährlicher Alkoholika, aber zielbewusst erreichte er das drohende Gericht, das jeden Moment über den zitternden Herrn mit Jacke hereingebrochen wäre.

Es ist im Bus noch niemand wirklich erschlagen worden. Bei mir zumindest noch nicht und heute sollte es nicht das erste Mal sein. Aber ich hätte es in alle Liebe und Freundlichkeit in Kauf genommen, wenn irgendjemand heute erstunken worden wäre.

Dann standen sie schließlich beisammen, die beiden Künstler und das Opfer.
Und das reichte auch schon aus.
Frau Wurster gab sich mit einem plötzlich entsetzten Seitenblick auf Herrn Brettheimer und einem kurzen Aufschrei unverzüglich geschlagen, stürzte zu ihrem Platz, riss ihre Tasche an sich und mit zwei Sätzen hatte sie mitsamt ihres körpereigenen Orchesters die Ausgangstür erreicht, die sich ihr einladend öffnete, als ich sowieso zufällig eine Haltestelle mitten im Wald erreichte.
Ich fuhr wieder ab.
Im Rückspiegel konnte ich noch ihren wieder bereits typisch legitimen Blick erkennen, der sich hilfesuchend, aber ungeschlagen durch die Gegend bewegte.
Möglicherweise suchte sie etwas zu essen.
Der Mann mit Jacke war unauffindbar untergetaucht und Herr Brettheimer stand eigentümlich selbstverständlich nach wie vor an seinem 2-Euro-Platz.
Er hatte als Söldner in der Schlacht treu bis zum Schluss ausgeharrt.

Wobei Cäsars Worte »Veni, vidi, vici« ihm aufgrund ewiger Gewohnheit schon lange nichts mehr bedeuteten.

Die komplette Fahrgastgemeinde blickte ihn stumm an.
Vom Regen in die Traufe.

Ich war auch etwas hilflos. Es mangelte mir an Reserveeinheiten, um der neuen Bedrohung entgegenzuwirken.
Glücklicherweise erreichten wir die Nähe der Innenstadt. Wie auf ein abgesprochenes »Amen« in der Kirche erhob sich mit einem Mal die komplette Gemeinde und strebte an ein und derselben Haltestelle dem Ausgang zu.
Binnen Augenblicken war ich mit Herrn Brettheimer allein.

Er nickte mir zufrieden zu.
Ich lächelte schwach zurück.
Dann fuhr ich wieder an.
Herr Brettheimer stand nach wie vor im Gang, hielt sich irgendwo fest und kam alsbald nach vorne gewankt.
So sehr ich ihn mochte und ihn als Waffe noch oft brauchen könnte – im Moment hielt ich es für besser, ihn in irgendeinen Waffenschrank einzuschließen oder ihn irgendwo zu entsorgen. Sowohl für mich als auch meine Umgebung war er zur Bedrohung geworden.

Der Verdacht bestätigte sich sogleich, als er mich mit seinen reizenden Zahnlücken im Innenraumspiegel anlächelte und gleichzeitig eindeutige Laute aus irgendeinem hinteren Körperteil vernehmen ließ.

Das war nicht genug.

Nach einer scharfen Kurve hielt er sich plötzlich die Hand vor den Mund, tippte mir auf die Schulter und fuchtelte mit der anderen Hand Richtung Vordertür.

Der Moment, den ich brauchte, um wirklich zu verstehen, was die Symbolik bedeuten sollte, dauerte eindeutig zu lange.

Ich trat, sobald mich der Erkenntnisschreck wie ein Blitz getroffen hatte, wieder auf die Bremse. Es war mir egal, wo ich gerade mit dem riesigen Auto anhielt.

Dann drückte ich panisch den Türöffner.

Gerade sprang sie auf.

Aber eben knapp zu spät.

Der körpereigene Inhalt, der sich mit einem Schwall bahnbrechend aus Herrn Brettheimers Speiseröhre verbreitete, ergoss sich auf alle wichtigen Bereiche vorne bei mir und im Türeinstieg.

Schön gerecht verteilt.

Lenkrad, Kasse, Boden, Wände, Scheibe ...

Wenn man schon mal dabei ist.

Aus stilistischen Gründen möchte ich an dieser Stelle darauf verzichten, Einzelheiten der Materie aufzulisten.

Einziger Trost: Es war bald vorbei.

Dann wurde es still.

Herr Brettheimer lächelte, zuckte schuldbewusst mit den Schultern, sah mich an, winkte kurz und verschwand.

Dann war ich mit seinem Kunstwerk allein. Ich betrachtete es stumm und stellte anerkennend fest, dass er in seiner Eigenschaft als riechender Künstler ein prägendes Exemplar des Individualismus hinterlassen hatte.

Was sollte ich tun?
Ihm hinterherspringen und ihn stellen?
Ihn als Geheimwaffe danach für immer verlieren?
Das Risiko war zu groß.
Ich schloss die Tür und fuhr los.

Das würde sich mit dem Wasserschlauch später alles regeln lassen. Der Gedanke verscheuchte nach und nach die Schrecken der letzten Minuten und langsam kehrte wieder Frieden in meine Seele ein.
Der Krieg war vorbei.
Ich trug zwar eindeutige Zeichen der Schlacht auf meiner Uniform, aber ich trug auch eine sichere Erkenntnis in meinem Herzen, die mir seit jenem Tage niemand mehr nehmen konnte:

Die Entscheidung über Sieg oder Niederlage liegt allein im richtigen Geruch.

UNSCHÄTZBARES GOLD

Wenn ich während der Arbeit etwas trinke, dann trinke ich meistens Wasser, und zwar unsprudelndes Wasserhahnwasser.

Früher trank ich Eistee. Der war süß und lecker und hatte aus diesem Grunde auch seinen Preis, welchen ich am zunehmenden Wachstum des Geldflusses verspürte, aber auch daran, dass es zuweilen vorkam, dass einige verirrte Schlucke das Ziel verfehlten und ich dem Eisteeüberfluss mit Notlappen Einhalt gebieten musste, wenn er mir nicht überhaupt durch die Lappen ging.

Im Ergebnis kam es dann zu klebrigem Fußboden, zu süßlich-klebendem Lenkrad oder zu verschworenen Klebeallianzen im Geldwechsler.

Was letztlich der Grund dafür war, warum ich auf kostengünstiges Wasser wechselte. Wie ich in der Zwischenzeit feststellte, konnte der Verlust des Süßen durch einen Gewinn an Finanzen ausgeglichen werden.

Nun steht es neben mir, das funkelnde farblose Getränk, das mir täglich neue Lebenskräfte einflößt. Wenn ich es manchmal dankbar anschaue und nichts als lautere Durchsichtigkeit darin erkennen kann, frage ich mich angesichts der steten Wasserqualitätsdiskussion, ob es denn wirklich so unschuldig ist, wie es tut.

Die neusten Untersuchungen sagen mir, dass es in vielen Fällen sogar besser ist als manch gekauftes Flaschenwasser.

Na gut, sage ich mir und trinke, nachdem ich meine Flasche im Betrieb aufgefüllt habe. Ich überlege zwar trotz der guten Qualität während des Schluckvorgangs, aus welcher Leitung es kam und wie alt die war, aber das sind komplizierte mathematische Dinge. Wichtig ist rechnerisch eigentlich nur: Ich muss die Wasserrechnung meines Betriebes nicht bezahlen.

Dennoch, ein gewisses eingeschränktes Interesse an »Wasserthemen« ist seither in meinen sonst im Alterungsprozess befindlichen Gehirnwindungen hängengeblieben.

Neulich las ich in irgendeiner bebilderten Zeitung, die ich zufällig neben mir fand, nachdem ich sie als intellektuell denkender Busfahrer morgens heimlich gekauft hatte, dass nicht nur die Qualität des Trinkwassers, sondern auch die der öffentlichen Gewässer ganz erheblich besser geworden sei als z.B. vor 20 Jahren.
Daneben sah man auf einem Foto eine Frau mit gebundenem Kopftuch, die heutzutage im Neckar ihre Wäsche wäscht.
Unweit von diesem eher zweifelhaften Bild entfernt ein weiteres Foto von einem Krokodil am Rheinufer.

Ich schaute von der Zeitung auf, mein Gedanken schweiften in die Ferne und ich ignorierte das Hupen um mich herum. Auch die Ampel, die zum zweiten Mal rot wurde.
Ich dachte an einen kleinen Witz, den mir vor langer,

langer Zeit einmal mein älterer Bruder erzählt hatte und über den ich am nächsten Tag herzhaft gelacht hatte. Ich war noch sehr jung und daher etwas langsam. Wer weiß, wie lange ich heute brauchen würde.

Und nach einiger Zeit des Sinnierens fand ich, dass man das Reinwerden des Rheins sehr gut anhand dieses Witzes und seiner imaginären Folgen nachvollziehen kann.

Und dass ich nun weiterfahren könnte.

Die Ampel wechselte auf rot.

Wenn vor 30 Jahren ein Bankräuber in eine Bank kam und dem Kassierer eine Pistole unter die Nase hielt, sagte der zunächst:

»Huch!« und nach dem ersten Schreck: »Äh, Moment mal. Das ist ja nur 'ne Spritzpistole!«

Dann sagte der Bankräuber: »Ja, stimmt.«

Der Bankangestellte begann erleichtert zu lächeln.

Aber er hatte nicht mit der gewissenlosen Brutalität des Kriminellen gerechnet.

Dieser blickte ihm unverfroren ins Gesicht, zog die Augenbrauen hoch und fuhr giftig fort:

»Aber da ist Rheinwasser drin!«

Bis hierhin der geniale Witz.

Die folgenden Ausführungen waren die logische Folge.

Solch ein Unternehmen hatte Erfolg. Unbehelligt und mit vollen Geldsäcken konnte er das Finanzinstitut verlassen. Der Fall konnte nie aufgeklärt werden, vor allem deshalb, weil man wegen der schwerbewaffne-

ten und grenzenlosen kriminellen Energie des Verbrechers niemanden fand, der ihn ernsthaft zur Strecke bringen wollte.
Die Angestellten kamen mit einem Schrecken und mit Langzeittherapie davon.

Zehn Jahre später sah das Ganze schon etwas anders aus. Die Umweltbeauftragten hatten daraus gelernt und viel, viel Geld und Politik in die Öffentlichkeit und in den Rhein reininvestiert.
Der Bankräuber kam erneut zur Bank.
»Huch!«, kam es wieder vom Angestellten. (Das kennen wir schon.)
»Äh, Moment mal«, meinte der Angestellte weiter.
»Wir alle wissen ja bereits, dass das nur eine Spritzpistole ist, die mit Rheinwasser gefüllt ist.«
»Ja, stimmt«, wiederholte sich der Bankräuber, nun etwas entspannter, da man sich ja doch schon etwas kannte.
»Also her mit der Kohle!«
Noch hatte der Angestellte seine Arme erhoben, aber er überlegte schon. Mit halb zugekniffenen Augen sah er den Bankräuber an, dann senkte er die Arme und meinte:
»Einen Moment bitte. Ich muss ganz sichergehen.«
Er ging unter den wachsamen Augen des Bankräubers zu seiner Tasche, griff hinein und zog langsam … – einen Wasserfilter daraus hervor!
»Die gibt es jetzt überall bei Ebay zu kaufen«, erklärte ihm der Bankangestellte.

Der Bankräuber war etwas unsicher.

»Bitte spritzen Sie mal mit Ihrer Spritzpistole hier rein«, meinte der nette Angestellte und hielt dem Räuber den Filter hin. Auf dem Filter waren verschiedene Skalen, auf denen man Verschiedenes ablesen konnte. Der Räuber spritzte mit seiner Pistole und beide schauten interessiert auf das Untersuchungsergebnis des Filters.

»Sehen Sie«, sagte der Angestellte, »so ein Filter ist doch eine ganz tolle Sache. Hier kann man erkennen, wie viele Schadstoffe noch im Wasser sind. Und jetzt schauen Sie mal! Das Rheinwasser ist gar nicht mehr so dreckig! Wunderbar! Da haben unsere Politiker endlich mal was Gutes zustande gebracht.«

Und beide standen bewegt vor dem verbesserten Rheinwasser im Filter.

Der Bankräuber hatte in der entstandenen Aufregung vergessen, warum er gekommen war. Darüber hinaus erkannte er plötzlich neue finanzielle Perspektiven.

Er erkundigte sich sogleich begeistert nach diesem Herrn Ebay, aber der freundliche Bankangestellte verkaufte ihm den tollen Filter gleich am Bankschalter zum Sonderpreis von 34,99 DM.

Jedenfalls dachte das der Bankräuber. Der Bankangestellte hatte ihm nämlich verschwiegen, dass er Ebay noch gar nicht kannte, zudem keine Ahnung hatte, was es mit Ebay überhaupt auf sich haben sollte und dass er den Wasserfilter in Wirklichkeit im Supermarkt für 14,55 DM gekauft hatte, bevor er bei ihm zuhause schon über 2 Monate in Benutzung war.

»Danke, sehr freundlich!«, sagte der grausame Kriminelle.

»Ach, ich bitte Sie. In diesen unsicheren Zeiten müssen wir doch zusammenhalten«, lächelte der Bankangestellte besonders freundlich und legte dem Bankräuber die Hand auf die Schulter.

Und weil sie schon dabei waren, ließ sich der Bankräuber noch weiter beraten und schloss eine Risikolebensversicherung ab. Man kann nie wissen, welche überraschenden Gefahren heute auf einen lauern.

Es erübrigt sich zu erwähnen, dass der Bankräuber dann zuhause doch etwas frustriert war. Niemand kannte Herrn Ebay.

Immerhin, er konnte sich mit dem Wasserfilter trösten.

Es vergingen weitere 10 Jahre. Während dieser Zeit hatte der Bankräuber versucht, seinen Beruf zu wechseln. Er hatte eine Wasserfilterfiliale eröffnet und machte zunächst satten Gewinn.

Doch die rasche und zunehmende Verbesserung der allgemeinen Wasserqualität machte ihm und seinem Laden zu schaffen. Dazu kam eine große Fehlinvestition in eine Chemiefabrik, durch die er die Wasserqualität zu verschlechtern suchte.

Er war zum Schluss jedenfalls hoch verschuldet.

Er erinnerte sich an früher.

Nachdem er lange überlegt hatte, fuhr er mit dem Auto weit in den Osten Europas hinein, wo es noch ursprünglich zuging, wo man sich noch anständig mit

Pferd und Esel fortzubewegen pflegte. Dort, so hatte er gehört, waren die Qualitätsstandards noch völlig normal und in den Flüssen floss immer mal wieder Wasser mit interessanten bunten Farbtönen.

Und weiter hoffte er, dass man dort längst noch nicht mitbekommen hatte, dass das Rheinwasser in der Zwischenzeit in Flaschen abgefüllt werden konnte.

Er würde den Banken mit Rheinwasser wieder das Fürchten lehren.

Am nächsten Morgen betrat er die Bank in Osteuropa mit gezogener Spritzpistole.

»Huch!« In diesem Fall wiederholen sich die Abläufe gern.

»Ja«, sagte der Bankräuber in gepflegtem Osteuropäisch verwegen.

»Das hier ist eine Spritzpistole, stimmt. Aber hier ist RHEINWASSER drin!«

Pause.

Die Augen des Bankangestellten weiteten sich.

»Rheinwasser? Wirklich?« Der Bankräuber nickte gewissenlos.

Der Angestellte ließ den Bankräuber stehen, sprang plötzlich völlig aufgeregt mit einem Satz in das Nebenzimmer und holte seinen Kollegen, seine Kollegin und seinen Chef.

Dann erklärte er ihnen, dass sie es hier mit Rheinwasser zu tun hätten.

Der Chef setzte fassungslos seine Brille auf und untersuchte die Pistole. Er bat den Bankräuber, einen Tropfen Rheinwasser auf den Kassentisch zu spritzen.

Mit einer Fingerspitze kostete er das Material.

Dann drehte er sich um und nickte seinen Angestellten zu.

Diese verschwanden augenblicklich, um das gesamte Geld des Safes zu holen.

Sie türmten es vor dem Bankräuber auf und schlugen ihm einen Deal vor.

Er würde alles bekommen und morgen noch mal so viel, wenn er versprechen würde, im Tausch dafür 10 Kanister Rheinwasser zu besorgen und seine Pistole samt Inhalt hier zu lassen.

Ich schüttelte zufrieden den Kopf.

Dieser Vergleich hatte mich zutiefst umgetrieben, nachdem er gedanklich in mir Gestalt angenommen hatte. Bei mir würde es nach weiteren 10 Jahren nur noch heißen:

Rhein in die Flasche.

Ich setzte mich aufrecht in meinen Fahrersitz, erhob träumerisch meine Wasserflasche mit ausgestrecktem Arm weit nach oben, bewunderte sprachlos das Funkeln und Glitzern des durchsichtigen Goldes in der Sonne, während ich in gehobener Stimmung zum Chorgesang der Fahrgäste »Weiterfahren!« rhythmisch mit dem Kopf nickte.

Ich löste die Bremse, dann sprang die Ampel endlich von Grün auf Gelb.

LAUGENBREZEL

Wenn ich morgens die Wohnung verlasse, um zur Arbeit zu gehen, nehme ich normalerweise ein zusammengeklapptes Frühstücksbrot mit. Oder zwei.
Oder auch drei. Falls ich die Länge der Arbeitsschicht überdenke und eine für diesen Fall mir angeborene prophetische Begabung mir im Innern die Botschaft aufdrängt, dass im Verlaufe der nächsten Stunden eine Hungersnot über mich hereinbrechen wird.
Wer weiß, warum ausgerechnet ich.
An manchen Tagen jedoch ist selbst dieser Impuls heraufbrechender existenzieller Not nicht stark genug, dass ich früh genug aufstünde, um jenes zusammengeklappte Einod zuzubereiten. In überstürzter Hektik frühstücke ich, raffe in akutem Zeitmangel alles Nötige zusammen, bin mir darüber bewusst, dass ich irgendetwas sonst noch Wichtiges bestimmt vergessen habe, schließe mit halboffenem Hemd in wilder Panik die Tür – und verlasse das Haus brotlos.
Mist! Wo ist diese verflixte Hose ...
Wahrscheinlich irgendwo auf dem Boden hinter dieser Wohnungstür, in deren Schloss der Schlüssel von innen steckt.
Immerhin: Meine Verspätung würde heute nur 3 Minuten betragen.
Die Hungersnot wird darauf keine Rücksicht nehmen.

Heute ist Montag und ich finde Trost in dem Gedanken, dass mir im Laufe des ersten Tages der Woche ein Backwarenladen begegnen wird, da dieser in der Regel montags auch arbeitet.

Hier werde ich Zuflucht finden. Ihm werde ich meine hungernde Seele anvertrauen.

Und wenn ich im Geiste die Anwesenheitsliste der allgemeinen Gebackenheiten durchgehe, denke ich da an ein ganz bestimmtes Objekt meiner ausschweifenden Begierde:

eine Laugenbrezel.

Oder zwei.

Eine Laugenbrezel ist eine geradezu unübertroffene Erfindung.

Mit diesem Gedanken versuche ich die Zeit des Schichtbeginns zu überbrücken und einige hier sonst sinnlos leere Zeilen zu füllen.

Sie gleicht einem Pkw von Daimler-Benz.

Beide traten ihren Siegeszug vor bereits endlosen Generationen an, beide sind ruhmvolle Siegeszeichen des materialistischen Intellekts, da beide eigentlich nicht nötig sind und wir sie gerade deshalb so gern kaufen, beide werden um ihrer Form willen bewundert, beide sind rund an ihren vier Rädern, beide werden unablässig durch die Gegend bewegt und beide sind Ausdruck der Anbetung.

Die Brezel aufgrund ihrer Form der sich überkreuzenden Hände und das Daimler-Blechle durch den Zusatz »heilig«.

Die Liste der auffälligen Gemeinsamkeiten hat mich überzeugt.

Wenn ich es mir recht überlege, dann gibt es praktisch zwischen beiden keinen wirklichen Unterschied.

Vielleicht das Haltbarkeitsdatum.

Der Laugenbrezel haftet außerdem ein visueller Trick an: Eigentlich besteht sie aus einer nicht allzugroßen Menge an Teig. Die wurde räumlich so ideenreich angelegt, dass sie zuletzt mindestens 2 fest integrierte Löcher besitzt. Diese stechen nun so deutlich ins Auge, dass man beim Hinsehen fast den Teig aus demselben verlieren könnte.

Aber das komplette Konzept lässt dem Erwerber beim Verlassen der Bäckerei dennoch das Gefühl, dass er etwa Großes gekauft hat. Er atmet tief durch, während er heimliche Blicke durch die Öffnung der Papiertüte wirft.

Schon allein wegen dieser Idee des innovativen Erfindergeistes nicke ich innerlich voller europäischem Nationalstolz zustimmend mit dem Kopf.

Gekauft.

Wenn ich eine Laugenbrezel in der Hand halte, verweile ich jedoch nicht bei solch tiefsinnigen Recherchen. Ich konzentriere mich ausschließlich auf das Glücksgefühl.

Und falls es heute etwa sogar das Angebot von 3 Laugenbrezeln für 1,80 Euro gäbe – nicht auszuhalten.

L-a-u-g-e-n-b-r-e-z-e-l.

Der Klang treibt mich in die Sucht.

Aber – noch ist keine Pause. Noch müsste ich irgendetwas weiterschreiben ...

Eigentlich würde das Wort »Brezel« völlig ausreichen.
Denn ich habe Zeit meines Lebens noch keine Brezel gesehen, die nicht gelaugt gewesen wäre.
Ungelaugte Brezeln mögen mir meine Unkenntnis verzeihen und sich mir dem Verzehr nicht entziehen.
Aber durch den Zusatz »Lauge« hat die Lauge eine völlig neue Bedeutung gewonnen.
Eigentlich verbinden wir mit dem Wort traumatische schulische Erinnerungen.
»Natronlauge«.
Solche Begriffe sind heute dank hermetisch verriegelter Waschmaschinen völlig ausgelaugt bzw. dann auch durch die Brezel um- oder neugelaugt.
Die Lauge wurde durch die Brezel im Grunde veredelt.
Wie beim Auto.
Diese Spezies »Auto« wurde durch den Daimler doch auch irgendwie veredelt.
Wie passend.
Ich bewundere meine Logik und meine Fähigkeit, mit bescheuerten Vergleichen die Zeit totzuschlagen, und ignoriere das zarte Anklopfen von BMW, Audi, Japan, GM und Trabant.
Immer noch keine Pause.

Was hat die Brezel noch so ... ?
Ah ja.

Meine Frau mag nicht so gern das Salz auf dem gelaugten Heiligtum. Sie gibt es mir. Damit steigert sie mein Glücksgefühl,
dessen Unerfüllung ich jetzt fast nicht mehr ertragen kann ...
Meine Fantasie hat diesen ganzen hirnverbrannten Salzkram sowieso längst übersprungen und ist bereits bei der dritten Brezel angelangt ...

Endlich.
Die ersten Minuten der Arbeit sind im Nu verflogen, schon naht ganz zufällig die erste Pause, weil ich gedankenverloren in unabsichtlicher Besessenheit einige Haltestellen ausgelassen hatte, schon fließt der Speichel unkontrolliert.
Ich stürme auf die Straße, besonders nachdem ich mir die letzten Zeilen noch einmal durchgelesen habe, bin freudig darüber überrascht, dass der heutige Andrang anscheinend noch nicht eingesetzt hat, erreiche die Tür und – unterdrücke Entsetzen.
Montags geschlossen.

Auf der anderen Straßenseite leuchtet unschuldig die Reklame einer Daimlerniederlassung.

Eigentlich gibt es keinen Unterschied ...
Beim Griff nach dem Geldbeutel überfällt mich allerdings wohl eher grundlos der Zweifel, ob 1,80 für drei Stück reichen ...

VERLUST DER TECHNIK

Die Kraft eines Busses liegt nicht nur im Motor. Auch in seinen tragenden und rollenden Rädern. Davon hat er gleich mehrere. Nicht nur an jeder Ecke eines, nein, oft zwei. Und manche Busse haben zwischendrin auch noch welche.
Ich mag sie. Sie sind wichtig. Ohne sie wäre ich ein Wrack.
Nicht auszudenken außerdem, was passieren würde, wenn ...

Die Schicht begann um 11.15 Uhr. Aus dem Getränkeautomaten im Aufenthaltsraum holte ich mir einen heißen Kakao.
Tolle Erfindung.
Ich hatte noch etwas Zeit, bevor die erste Linienfahrt beginnen würde, und spielte mit dem Gedanken, mir noch einen zweiten Kakao zu holen. Aber mein Kleingeldvorrat spielte nicht mit.
Betrübt durch den aufgezwungenen Verzicht sah ich zwei Kollegen zu, die am Tisch Schach spielten.
Das ist kein Druckfehler.
Busfahrer sind voll entwickelte Homo sapiens mit außergewöhnlich multiplen Fähigkeiten. Meine Kollegen zumindest. Meine eigene Allgemeinbildung reicht bis »Mensch-ärgere-dich-nicht«.
Schach ist ein hochkompliziertes Strategie- und Mathematikspiel, dessen Beherrschung weit über die

differenzierten Möglichkeiten eines Politikers hinausgehen.

Der Schachspieler kennt die nächsten Schritte, aber er erklärt sie keinem.

Der Politiker kennt die nächsten Schritte nicht, aber er erklärt sie jedem.

Respekt deshalb dem Politiker.

Anbetung aber dem Schachspieler.

Ich schaute also zwar zu, versuchte aber erst gar nicht zu verstehen, was hier gespielt wurde, und versuchte auch gar nicht so zu tun, als würde ich es verstehen.

Schachspieler verstehen sofort, wenn einer was nicht versteht.

Zug und Zug haben sie dich durchschaut.

Schließlich schnappte ich mir mit leicht depressiver Verstimmung infolge meiner Schach-Unkenntnis und meines Kaba-Mangels den Plan und die Schlüssel und wollte gerade den Bus vorbereiten, als mich ein Kollege ansprach.

Er wollte etwas über den Zustand seines Motorradvergasers wissen. Spontan fiel mir ein, dass ich doch nicht ganz so unwissend bin. Der Kollege hatte nämlich davon gehört, dass ich ein passionierter Schrauber und Ratgeber bin.

Da er nun nicht wusste, wie viel ich tatsächlich weiß, hielt ich einen Moment inne und dachte nach, während ich heimlich nach dem Getränkeautomaten schielte.

Dann imitierte ich das strategisch blickende Gesicht

eines Schachspielers, nickte auf seine Frage hin betont wissend, schaute konzentriert an ihm vorbei, nannte ihm schließlich vier oder fünf frei erfundene Fachbegriffe, die man durchaus mit einem Vergaser in Verbindung bringen könnte, und fragte dann direkt in sein Gesicht, um welches der genannten Bereiche es sich handeln würde.

Mein Kollege wurde infolge meiner Spezialkenntnis leicht blass, fuhr sich nervös mit der Hand durch das Haar und sagte dann:

»Äh …«

Ich liebe dieses Wort.

Er hatte verstanden, dass mein Rat wertvoll war.

Dann passierte es.

Er bewegte sich zum Getränkeautomaten und fragte, als er sah, dass ich ihn mit Fachwissen durchsetzem Blick beobachtete.

»N' Kaba?«

Mit völlig verändertem Selbstbewusstsein und einem Kakao in der Hand verließ ich den Betrieb.

In technischen Angelegenheiten an Fahrzeugen kann mir keiner etwas vormachen.

In strategischen Dingen auch nicht.

Diagnose von Fehlerquellen an Fahrzeugen ist mein zweiter Vorname.

Etwas lang. Na ja.

Vorname, wem Vorname gebührt.

Von wegen jedenfalls Mensch-ärgere-dich-nicht.

Ich fuhr los.

Was für ein Tag. Welch ein Schachspiel.

Auf meinem Weg zur ersten Haltestelle musste ich mit dem leeren Gelenkzug eine Strecke von ca. 10 km zurücklegen. Kurz vor einer Kreuzung trat ich auf die Bremse.
Der Bus ruckelte ungewöhnlich im Bereich der hintersten Achse.
Vielleicht hatte ich mich auch getäuscht.
Ein langsamer Lkw fuhr vor mir. Ich musste wieder bremsen. Wieder dieses Ruckeln. Mein technisches Allwissen sagte mir ganz leise, dass ich keine Ahnung davon hatte, was dieses Ruckeln bedeuten könnte.
Ich hielt also widerwillig schließlich an der ersten Haltestelle, an der niemand stand.
Dann schaute ich mir die Sache etwas genauer an.
Alles sah aus, wie es aussehen sollte.
Die Räder reichten bis zum Boden, waren vollzählig, schwarz und rund.
Es könnte ja auch mit dem Getriebe zusammenhängen, dessen Schreibweise ich zumindest durchaus kannte. Oder mit dem Diverensial.
Das ist komplizierter.
Ich fuhr mir mit der Hand durchs Haar. Vielleicht sollte ich per Handy mal im Betrieb nach Ursachen fragen.
Aber was soll das. Der Kollege von vorhin hat selbst dafür bezahlt: Wer hat den technischen Durchblick, wenn nicht ich?
Und hier lag eine unbestimmbare, unsichere Angelegenheit vor.

Ich war mir sicher.

Ich hielt mich also an eine alte Weisheit: Was ich nicht weiß, macht mich nicht heiß.
Dann stieg ich wieder ein und fuhr weiter.

Nach weiteren zwei Stunden Fahrt und vielen Ruckel-Happenings trat ein weiteres Symptom auf: Der Bus begann zu holpern, etwa wie bei einem Plattfuß.
Ich schaute die Fahrgäste im Bus an mit einem Blick, der sagen wollte:
»Das hat irgendwie auch was Nettes, finden Sie nicht?«
Sie lächelten nicht zurück.
Jemand fragte mich, ob etwas nicht stimmen würde.
Ich beruhigte ihn und meinte, dass es sich um eine betrieblich bedingte lineare Achsverschiebung aus Kostengründen handeln würde.
Er sah mich an und nickte langsam. Dieser Fahrer wusste Bescheid.
Dann lenkte er sich mit seinem Handy ab.

Bevor ich weitere Fantasien erfinden musste, sah ich eine Gruppe Teenies, die an der nächsten Haltestelle wartete, um mit uns ein Stück des Weges zu holpern.
An ihren Baseballkappen, Turnschuhen und handybestückten Händen sah ich schon von Weitem, dass es sich um Wesen handelte, denen nicht zu trauen war.
Wohlstandsverwahrlost.
Wahrscheinlich noch mit irgendwelchen Sprüchen, die mit »Hey« oder »Jo« begannen.

Wenn sie mich »Alter« nennen würden, dann würde ich ...

»Hey, jo, Alter, was geht?«, sprach mich einer beim Einstieg an. Er lächelte warmherzig. Er schien mich zu kennen.

»Hey!«, kam von mir, »alles im Griff. Jo!« Ich begrüßte jeden mit Händedruck und Schulterschlag.

Nette Bande. So lebendig ... diese enthusiastische neue Jugend ...

Sie setzten sich ganz nach hinten und genossen nach kurzer Fahrt bereits ausgiebig das neue Fahrgefühl. Dabei wippten sie mit dem Heckteil des Gelenkzuges auf und ab, lachten und schubsten sich gegenseitig.

Lustig.

Auf dem Weg durch eine beruhigte Verkehrszone in einer kleinen Ortschaft klingelte das Handy. Ich sah an der Nummer, dass es die Werkstatt war.

Telefonieren während der Fahrt ist verboten. (Holperdiholper)

Es klingelte dringender. (Holperdiholper)

Ich nahm ab.

»Hallo?«

»Hallo, hier ist die Werkstatt. Jemand von deinen Fahrgästen hat im Betrieb angerufen. Irgendetwas mit deinem Bus würde nicht stimmen. Es gäbe ein ständiges Wippen. Was ist da los?«

»Ach so. Das. Ich glaube, da ist nichts. Das geht jetzt schon seit zwei Stunden so. Sicher die Achse. Oder die Straße ...«

»Und die Räder?«

»Nein, ist alles o.k. Alle sind da. Ja, nein. Keines eckig. Wie? Die Radbolzen? Alle fest, ja. Alle vollzählig.« Ich hatte sie nicht gezählt.

Ich musste eine scharfe Rechtskurve fahren.

»Ja. Nein. Ich habe schon mal nachgeschaut. Nein, nichts locker. Keine Gefahr. Keine ...«

Weiter kam ich nicht.

Denn zur gleichen Zeit schaute ich in den linken Rückspiegel.

Ich werde nie vergessen, was sich im Spiegel abspiegelte und was ich im Folgenden etwas detaillierter beschreiben möchte.

Die beiden Zwillingsräder ganz hinten links lösten sich in der Kurve aufgrund fehlender Radbolzen von der Achse.

Sie hatten einen längeren Loslösungsprozess hinter sich und die dabei entstandene Unwucht hatte das Holpern verursacht.

Nun war es so weit. Sie winkten mir befreit zu.

Dann machten sie sich vom Acker.

Das eine Rad taumelte vor Glück über den gelungenen Befreiungsschlag über eine Wiese. Nicht lange jedoch und es ging abwärts. Am Wiesenende landete es in irgendeiner Gosse.

Das andere Rad rollte hinter dem Heck des Busses entlang und herum, offensichtlich in der Absicht, den Bus von hinten zu überholen.

Es hatte sein Dasein bisher als zu gebremst empfunden.

Im Reflex schaute ich nach rechts in den Spiegel. Da kam es auch schon.

Irgendwo meinte ich einen ausgestreckten Mittelfinger gesehen zu haben.

Für ein erfolgreiches Singleleben fehlte aber noch der rechte Antrieb und es verlor auch rasch an Tempo. Ärgerlich eierte es auf dem Asphalt, überquerte die Straße und kam auf dem linken Grünstreifen zum Erliegen.

Die Straße war wieder frei von Ersatzteilen.

Aber der linke Heckbereich des Busses hatte in der Zwischenzeit unter dem Verlust seiner tragenden Stützen zu leiden.

Da selbst ein überlegenes Wesen wie ein Gelenkzug im Kampf gegen die Schwerkraft früher oder später verlieren muss, neigte sich das linke Heck widerstrebend dem Erdkern zu. Vor allzu tiefem Fall wurde es dann durch die Straße gebremst.

Der Bus war zum Stehen gekommen, die nackte linke Achse zur Schau stellend.

Ich sprang von meinem Sitz auf, drehte mich zu den zwanzig bis dreißig Fahrgästen um, die kurz zuvor überrascht, schockiert oder gar belustigt aufgeschrien hatten, und sah mir die offenen Münder an.

Meine nachfolgenden Worte waren sorgsam gewählt.

»Äh, ich habe gerade zwei Räder verloren.«

Ich kann unmöglich das heiße und kalte Gefühl während dieser Sekunden beschreiben.

Dennoch, jetzt hieß es: Die Fahrgäste beruhigen und so tun, als gehöre das alles irgendwie dazu. In Wirklichkeit fehlte dem Bus außer ein paar Schrauben und zwei Rädern ja auch nichts.

Ich gab mir trotzdem Mühe, denn immerhin hatten sie – vor allem hinten links – einen plötzlichen Niedergang ihrer Existenz um ca. 40 cm erlebt.

Ich versuchte es mit einer weiteren technischen Erklärung, die ich mir aus den Fingern sog. Die lineare Achsverschiebung und eine Versuchsachse, die wohl im falschen Winkel eingebaut worden sein musste und deshalb gerade gebrochen war.

Sodann versprach ich ihnen das Blaue vom Himmel herunter, vor allem, dass ich ihre gestrandeten Seele wieder ins gelobte Land der Innenstadt geleiten würde.

Sie hörten mir ganz ernst zu, glaubten mir anscheinend das meiste von diesem Unsinn und nickten. Besonders die einsichtige und vernunftbegabte heutige Jugend.

Keine Ahnung warum.

Kurzum, der Betrieb schickte einen Kollegen mit Ersatzbus, der die Fahrgäste dann tatsächlich unter seine Fittiche kam und sie zum Ziel brachte.

Und jemanden von der Werkstatt.

Er sah mich ziemlich lange an.

Ich schwieg. Dann hob er die Augenbrauen und machte sich an die Arbeit.

Letztlich ging die Sache dennoch glimpflich für mich aus, da sich die Bolzen aufgrund eines Materialfehlers gelöst hatten.

Man entschloss sich also dazu, in Zukunft den gleichen Fahrer, aber andere Radbolzen zu verwenden. Auffällig war nur, dass mich seit diesem Tag nicht ein einziger Kollege mehr nach seinem Motorradvergaser befragte.

Eine Woche später fuhr ich dieselbe Tour.
Um dieselbe Uhrzeit stiegen etwa auch dieselben Leute ein, vor allem die Teenies. Im ersten Augenblick überkam mich das schlechte Gewissen und ich wollte vor Scham in den Boden versinken.
Einer von der Gruppe sah mich besonders scharf an und meinte:
»Sie sind doch der Busfahrer, der letztes Mal ...«
Jetzt würde ein verdienter Spruch kommen.
»Danke noch mal. Sie haben sich cool verhalten.«

Keine Ahnung, was ich über die Jugend denken soll.
Wissen sie vielleicht mehr, als man ahnt, oder haben sie zuweilen nur eine Ahnung vom Wissen ...?
Denn: War es beabsichtigte Ironie oder war es spontane Anerkennung – als ich kurz darauf wieder die Rechtskurve nehmen musste und dieses Mal alle Räder dem Bus treu blieben –
klatschten sie.

OHNEGLEICHEN

Ich bin dankbar für die Möglichkeit hier etwas nieder-
schreiben zu dürfen.
Hier kann ich nämlich endlich aussprechen, was ich
seit langer Zeit befürchte:
Gegen den Busfahrer gibt es eine geheime Kampagne.
Man will ihn zerstören.
Möglicherweise sogar schwächen.

Es fängt – wie fast immer bei solchen Dingen – meist
recht unscheinbar an. Zufällig hört man ganz nebenbei
im Gespräch, dass das jugendliche Gegenüber mit viel
Gekichere (hihihi) davon erzählt, dass der Begriff »Bus-
fahrer« an der Schule als Schimpfwort gebraucht wird.
Du Busfahrer.
Aha.
Das sagt ja schon viel.
Zum Beispiel etwas über den Zustand der Jugend.
Mehr noch. Den Zustand der allgemeinen Gesell-
schaft.
Über den Busfahrer sagt es gar nichts.

Was war der nächste Schritt der Verschwörer?
Wahrscheinlich der Beschluss, der besagt, dass jeder
Busfahrer eine Uniform tragen muss, sodass man ihn
auf weite Distanz schon erkennen kann.
Die Realisierung dieses Vorhabens ist schon weit fort-
geschritten. Aus diesem Grunde hasse ich meine Kra-

watte. Ich kann schon von fern erkennen, was im Kopf meiner Mitmenschen vorgeht:

»Vorsicht. Da kommt er.«

Zwischenzeitlich kamen natürlich die Medien ins Spiel. Wie immer, wenn es darum geht, das wissende Volk in Unwissenheit zu führen.

Vielleicht wissen Sie es noch nicht. Ganz zufällig ist der abgrundtiefe Fiesling und potenzielle Mörder in »Panic room« mit Jodie Foster von Beruf: Busfahrer.

Von wegen »der Gärtner«.

Das war mal.

Haben Sie übrigens einmal mitgezählt, wie viele Gärtnereien in der Zwischenzeit schließen mussten?

Ah! Jetzt wird manches klarer, nicht wahr?

Es ist nur ein Kleines, sich daher auszumalen, dass irgendwoher von oben beschlossen wurde, die Busfahrerei zu tilgen.

Gestern Abend wurde die Sache endgültig getoppt. Ich sah völlig unabsichtlich einen norwegischen Film. Möglicherweise dänisch. Könnte auch schwedisch gewesen sein.

Es ging um eine Frau, die aus irgendwelchen Gründen sehr hübsch war und dazu noch allein. Ein Mann, nicht so hübsch, wollte sie gern verführen. Er stellte sich nicht besonders klug an und die Frau floh vor ihm.

Und zwar in einen Linienbus.

Gerettet, war mein erster Gedanke.

Der Filmproduzent jedoch beabsichtigte, weniger die Frau, sondern meine Gefühle zu vergewaltigen, und ließ den Busfahrer den Bus auf einsamer Strecke anhalten. Nur er, also der Busfahrer, und die Dame waren an Bord.

Sie erahnen meine Befürchtung, die ich hegte, während beim Zuschauen meine Hände zu zittern begannen. Ich kann kaum weiterschreiben.

Die Krone der Schöpfung, das Edelprodukt erlesener Fahrkunst, die Freundlichkeit in personeller Erscheinung wurde vom Filmproduzenten brutal verkauft, als er den Busfahrer in billiger Weise dazu benutzte, sich der Dame unsittlich zu nähern.

Es misslang natürlich, da der Busfahrer erstens zu langsam für eine hübsche, flinke Dame ist, zweitens zu blöd, um ihre weiblichen Tricks zu durchschauen, und drittens zu hässlich ist. Sonst könnte die Dame wenigstens ansatzweise Gefallen an der Sache entwickeln und der Film hätte interessant werden können.

Die ganze Szene wurde ganz klar in Szene gesetzt, damit die Allgemeinheit mit ganz klarer Sicherheit wissen soll, was sie vom Busfahrer ganz klar halten soll.

Manipuliert.
Vielleicht von einer Frau.
Wer weiß.
Vielleicht steckt hinter alledem eine Frau, die beabsich-

tigt, das archaische Männerbild, repräsentiert durch einen der edelsten Vertreter, zu unterwandern.
Eine mächtige Frau in Europa vielleicht …

Es wundert mich daher nicht im Geringsten, mit welchem Blick die Menschen mich beobachten, wenn sie morgens in den Bus steigen.
Deutlich kann ich ihre Gedanken lesen.
»Moment mal. Das ist doch … der aus dem Film!«
Oder:
»Heute Mittag muss ich daran denken, meine Kinder zu warnen.«
Oder:
»Er hatte schon immer einen gewissen Blick. Dieses Lächeln. Ich wusste es.«

Ich habe mich daher zur Gegenwehr entschlossen.
Mit diesen hier zu Papier gebrachten Worten gründe ich eine Bürgerinitiative und rufe dazu auf, sich mir und ihr anzuschließen.
Busfahrerinnen und Busfahrer! Vereinigt euch! Zum heiligen Bunde! Fahret nicht einfach blöde fort! Bleibet und zeuget von eurem Stande!
(Moment mal … klingt irgendwie komisch …)

Vielleicht muss ich das Ganze anders angehen.
Vielleicht muss ich zunächst eine Art der Überzeugungsarbeit leisten.
Eine Gegenkampagne sozusagen.

Ich glaube, ich werde Ihnen als aufmerksamer Leser hier einmal auflisten, wer der Busfahrer in Wirklichkeit ist und wozu er in unaussprechlicher Begabung fähig ist.

Das sollte ein erster und wirksamer Schritt sein zur Rückeroberung heiligen Landes.
Bitte schalten Sie jetzt den Fernseher aus und ziehen Sie sämtliche Stecker medienbeeinflussbarer Geräte. Ich meine damit auch den Bildschirm ihrer Waschmaschine.
Es findet in diesen Augenblicken ein hart umkämpftes Rennen um den Ruf und um die Existenz Ihres Busfahrers in Ihrer Nachbarschaft statt.
Lassen Sie sich also beim Studieren der folgenden zehn Punkte nicht durch diabolische Einflüsterungen ablenken.

1. Der Busfahrer ist ein Meister der Fahrkunst. Über Dinge, wie Straßenzustand, -breite, -gefälle, -lage ist er hoch erhaben. Er muss zwischen 2 LKWs durchfahren und hat nur 1 Meter Platz? Sie als Fahrgast beginnen schon zu schwitzen, wenn Sie nur zuschauen, wie er völlig emotionslos weiterfährt? Er drückt EINMAL auf seine Hupe, die als Heroldruf durchs weite Land schallt. Wie von Geisterhand klappen die Spiegel der LKWs zur Seite, auch er klappt seinen Spiegel gönnerhaft ein, holt tief Luft, hält den Atem an und fährt durch.
Sie fragten sich schon immer, wie er sich zwischen

engen Häuserkurven in der Altstadt mit seinem zwanzig Meter langen Gelenkzug bewegen kann? Er kennt die Gesetze der Haftpflichtversicherung und der Abmahnung bis ins Detail.

2. Damit verbunden: Er muss ein Kenner der Naturgesetze sein. Er ist z.b. zu spät dran, weil er einen Kaffee, eine Zeitung oder eine Zigarette rauchte. In dieser Situation muss er beweisen, dass er die Kräfte des Busses verinnerlicht hat. Mensch und Maschine müssen eine Einheit sein. Wie funktionieren die Gesetze der Fliehkraft in Bezug auf die Fahrgäste in der Kurve in der Bahnhofstraße? Zu welchen Kräften ist die Lenkachse in der Lage? Welchen Druck halten die Räder aus? Die Bremsen kurz vor der Ampel?
Der Akku des Handys, wenn er gleich die Werkstatt anrufen muss?
Er kennt alle diese Gesetze. Selbst wann das Gesetz der Fahrgastbeschwerde in Kraft tritt.

3. Er muss alle seine Linien, Strecken, Straßen und Haltestellen kennen. In einem riesigen Radius. Bis hin zu den kleinen Gassen. Denn er soll mit Umleitungsschildern umgehen können. Sie versetzen ihn in unveroberbereitetem Seelenzustand in einen Schock.
(Ich kenne das Wort auch nicht.)
Erstens muss er zugeben, dass er morgens vergaß, aufs schwarze Brett der Informationen zu schauen, und zweitens wird er durch die Umleitung quasi mitten aus dem Leben gerissen, entwurzelt. Er allein ent-

scheidet jetzt über das Schicksal aller ihm anvertrauten Seelen, wenn er der Versuchung ausgesetzt ist, in engen Gassen die Spiegel anderer Automobile mithilfe schweren Busmetalles einzuklappen oder Verbotsschilder zu übertreten.

4. Er muss ein mathematisches Genie sein. In Sekundenschnelle hat er übernatürliche Aufgabe zu bewältigen.
Ein Beispiel. Eine Wandergruppe mit 8 Kindern, 7 Erwachsenen, 2 Hunden und 5 Fahrrädern steigt ein. Sie will durch 2 verschiedene Tarifgebiete fahren. 4 Personen der Gruppe besitzen eine Bahncard 25 (gilt in verschiedenen Fällen), 3 der Kinder haben eine Schülermonatskarte, die in einem Tarifgebiet gilt. Am Wochenende ganztags, falls dem Fahrer das zufällig noch einfallen sollte.
Während Sie schon längst abgeschaltet haben, hat er bereits das Wechselgeld gezählt und zudem entschlüsselt, was »was isch denn des Günschtigschde?« und »krieaget mir 'd S-Boh no?« bedeutet.

5. Er muss ein ausführliches Studium der Philologie absolviert haben. Englisch sollte er sowieso als Muttersprache beherrschen, Japanisch wenigstens stichwortartig. Darüberhinaus muss er auch in der Lage sein, mit beiden Gehirnhälften gleichzeitig zu arbeiten, wenn es sich um linguistische Neukreationen wie z.B. »Habe effe« handelt. Das bedeutet nicht HBF (Hauptbahnhof), sondern halb elf.

Ich bin Busfahrer.
Zudem muss er den in jeder Dialektfärbung gebräuchlichen Satz »Mein Freund bezahlt« erkennen.

6. Er hat keine Wahl: Er muss multitaskfähig sein.
Nehmen wir nur als Beispiel eine klitzekleine Abfahrt von einer Haltestelle.

- Tür schließen (darauf vorbereitet sein, dass sie es aufgrund eines leichten Kontaktdefektes nicht tut, irgendwie trotzdem zukriegen),
- Blinker setzen,
- den rückwärtigen Verkehr im linken Spiegel beobachten,
- in den rechten Spiegel schauen, um zu erkennen, ob noch jemand in der hinteren Tür steht oder sich darin schreiend eingeklemmt hat,
- auf den vor ihm liegenden Verkehr achten,
- in den Innenraumspiegel schauen (halten sich alle fest ... wo hat sich die Blondine hingesetzt ... ?)
- Bremsen lösen – sie will nicht – noch mal – sie will nicht – noch mal – sie weigert sich – alle anderen Bremsmöglichkeiten im Geiste durchgehen (er hat ca. 4 davon), die Lösung in weniger als 2 Sekunden erkennen (um die Blondine zu beeindrucken),
- langsam anfahren,
- wieder nach dem Verkehr schauen und dann nach der Blondine,
- dabei schnell noch die Sonnenbrille aufsetzen, weil die Sonne blendet und weil es männlicher aussieht,

- nebenbei noch einen Fahrschein ausdrucken, denn vorher hatte er keine Zeit mehr dazu,
- gleichzeitig die Rechenaufgabe beantworten, wann er die Endhaltestelle erreichen wird,
- eventuell noch den Satz »Aaaachtung, gut festhalten!« rufen,
- erkennen, wer seine Zehnerkarte beim Einstieg noch nicht gestempelt hat, sich diesen (und die Blondine) gut merken,
- zu guter Letzt gedanklich Lösungen erarbeiten, wie der VFB seinen Abstieg doch noch vermeiden könnte und wie er das Abendessen mit seinen Schwiegereltern verkraften soll.

Danach:

7. Total taub und völlig unberührt wirken, wenn die beiden Damen auf der Sitzreihe hinter ihm heftig darüber diskutieren, warum alle Männer nur Fachidioten mit Tunnelblick sind und nicht zwei Dinge auf einmal machen können.

8. Er sollte medizinisch speziell gebildet sein, weil er eben mal beim Herzinfarkt einer älteren Dame wissen sollte, wie man sie möglichst ohne Anfassen wiederbeleben könnte, und der Schülerin, die neben ihm im vollen Bus stehend, aber plötzlich aufgrund akuten Sauerstoff- und Frühstückmangels akut umkippend, mit tiefer und beruhigender Stimme erklären sollte, dass dies wirklich nichts zu tun hat mit dem Herzinfarkt

vorhin bei der älteren Dame, sondern eine auf Kreislaufunregelmäßigkeiten im pubertierenden Mädchenalter zurückzuführende Ohnmacht ist.

Nein, keine Angst, er wird sie jetzt hier nicht auf dem Fußboden des Busses operieren.

9. Er muss professionell im Umgang mit Handys sein. Denn er muss das Telefonat mit seiner Freundin möglichst vor der Polizei und den Fahrgästen verbergen können und sofortige Erklärungen parat haben, falls er doch darauf angesprochen wird. Z.B.:»Ich telefoniere gerade mit meinem Chef, weil der Motor explodiert ist.« Darüberhinaus muss er beim eifersüchtigen Streitgespräch mit seiner zweiten Geliebten trotzdem noch so konzentriert sein, dass er erkennt, dass es noch Fahrgäste in seinem Bus gibt, die am Busbahnhof aussteigen wollten, bevor er den Betriebshof erreicht.

10. Bei alledem muss er so tun, als sei er freundlich. Er muss Geduld vorspielen und gleichzeitig seine Ängste unterdrücken, dass er heute nicht rechtzeitig Feierabend machen kann, weil seine Fahr- und Pausenzeiten ständig gekürzt werden. Der Firma darf er davon nichts sagen, weil er glücklich sein soll. Den Fahrgästen darf er davon nichts sagen, sonst verraten sie ihn womöglich.
Stets soll er kompetent wirken, stets voller Information, stets bei aufkommenden Problemen wie ein Sozialarbeiter funktionieren und Beschwerden, die eigentlich die Firma betreffen, priesterlich behandeln.

Die Fähigkeiten der Stadt- und Regionalbusfahrer werden ständig unterschätzt.

Ich hoffe, ich konnte Sie mit dieser kleinen unvollständigen Liste zum Mitleid und zur Spende bewegen. Mit dieser Liste vor ihrem ständigen Auge dürfen Sie nun den Strom wieder einschalten.

Abschließend sei angemerkt, dass ich vor vielen Jahren mit meiner Frau einmal in Israel war.
Wir fuhren in einem Touristikbus durch einen Teil der Altstadt Jerusalems. D.h. durch enge Gassen, über belebte Marktplätze und durch das Gewirr von faszinierenden Straßen.
Der Busfahrer lenkte den Bus souverän auch an jenen Stellen, an denen die Mitreisenden dachten: Er kann hier nicht durchpassen.
Dann passierte das Folgende: Die komplette Reisegruppe klatschte.
Ich drehte mich zu meiner Frau mit ungläubigem Blick.
»Das ist das tägliche Vorführprogramm meiner Kollegen und mir in unserer mittelalterlichen Stadt. Warum wird eigentlich nicht dort anerkannt, dass der Applaus das Brot des Künstlers ist?«
Im ordinären Stadtbusverkehr funktionieren die Gedanken des Fahrgastes so: Er weiß aufgrund aller seiner Kenntnis der Metrik, dass der Bus es hier nicht schaffen kann.
Aber er hat – aller Naturwissenschaft zum Trotz – erlebt, dass es Wunder gibt.

Allerdings hat er das schon so oft erlebt, dass er das tägliche Brot des »Wunders« in seinen Horizont fest integriert hat.

Er hat sich daran gewöhnt, wie das alte Volk Israel sich daran gewöhnt hatte, dass in der trockenen Wüste aus dem Felsen Wasser kam.

Er klatscht nicht mehr.

Israel auch nicht.

Vielleicht ist er als Fahrgast noch ein bisschen fasziniert, jammert ansonsten aber nur rum. Und das schon seit Jahrzehnten.

Es hat sich von damals bis heute nichts verändert.

Was das jedoch einbringt und welche Schlussfolgerungen daraus nicht gezogen werden können, steht auf einem anderen Blatt geschrieben.

Und zwar auf dem folgenden.

VON UNDANKBAREN VERIRRUNGEN

Der arme liebe Gott hat es schwer mit uns.
Schon auf den ersten Seiten seines dicken Buches, wie
auch auf den zweiten, lesen wir davon, wie undankbar
und verirrt wir sind.
Auch später stellt sich nichts anderes heraus, als dass
wir darin unbeirrbar sind.

Das Volk Israel erlebte in Ägypten eine beispiellose
Karriere.
Angefangen von Josephs Export- und Getreidekanz-
lerschaft über die pharaonische Schenkung des Lan-
des Gosen an Josephs Verwandtschaft bis hin zur end-
gültigen Versklavung der kompletten Gemeinde.
Nach 400 Jahren Strebsamkeit kam, was üblicherweise
in solch einem Altersstadium kommt: ein Burn-out.
Sklaverei ist eben doch keine Lösung.
Sowohl für die einen als auch für die anderen.
Ein Irrweg.

Die Ägypter, als »die anderen«, hätten, bevor sie ihre
Eigenschaft als Sklavenhalter schließlich einbüßten,
sich – wie wir es in Treue zu tun pflegen – an dem Vor-
bild Amerikas orientieren sollen.
Die Amerikaner einigten sich in der Diskussion um die
Sklaverei friedlich auf einen Kompromiss: einen Bür-
gerkrieg.
Auch wenn sich darüber natürlich diskutieren lässt, ob

das summa summarum nun die geeignetste Alternative war, muss selbst Skeptikern einleuchten, dass das Resultat für Amerika nicht schlecht war. Denn die Sklaverei wurde so konsequent abgeschafft, dass die ehemalige Sklavenschaft als Wählerpotenzial erhalten blieb, sogar für Wahlen gewonnen werden konnte und zufällig den ersten schwarzen Präsidenten hervorbrachte, der Amerika in der langen ehrwürdigen Tradition anführt, die übrigen Länder der Welt zu versklaven.

Die Ägypter wollten unbedingt ihre eigenen Erfahrungen machen und gingen damit leider in die Irre. Sie unterdrückten jedwede Diskussion um das Thema, hatten danach zwar keinen Bürgerkrieg, aber dafür eine Auseinandersetzung mit dem Allmächtigen und zwei Hände voll Naturkatastrophen.
Zudem verloren sie nicht nur ihre Stellung als Sklavenhalter, sondern auch ihre Sklaven.
Sie hätten aus den Erfahrungen der Amerikaner lernen sollen.
Deshalb hatte Ägypten in seiner späteren jahrtausendlangen Geschichte nicht einen einzigen israelischen Präsidenten und konnte darum auch an sein Weltmonopol im Getreideexport nie wieder anknüpfen.

Man muss der Sache allerdings auch zugestehen, dass nicht jedem im Leben der Segen zuteil wird, als Amerikaner geboren zu werden und infolgedessen automatisch immun gegen Verirrungen zu sein.

Zum Volk Israel.

Gott soll das Volk nun aus diesem verirrten Lebensmanagement herausretten.

Das tat er auch sogleich, da er in sozialen Belangen sowieso schon immer engagiert war. Nicht dass es eines Tages im fernen Ausland einmal heißen sollte, Gott würde sich nicht um das Leid der Welt kümmern.

Bald darauf befand sich das Volk Israel endlich in besseren Umständen.

Herausgerettet aus der harten Faust der Ägypter.

Herausgerettet aus deinem Leben in Zwängen.

Herausgerettet aus dem unerträglich grellen Grün der Palmen, Sträucher und Weiden, die den Blick aus jedem Fenster versperrten, weg aus diesem Dauernass des Niltals, fort von dem übersättigten, pulsierenden Leben, das an jeder Straßenecke Lammspieß im Fladenbrot feilbot.

Weg von allen fleischlichen Genüssen und hinein in die befreiende Einöde.

Stille, Besinnung auf wahre Werte, Befreiung der Blickrichtung auf unermesslich weites, gelbes Land, rettende Genügsamkeit in allem.

Im Grün. Im Wasser. Im Lammspieß. Im Shopping.

Das bis dahin völlig verkannte Paradies hieß: Wüste.

Eine 40-jährige Woche der inneren Einkehr. Wer würde nicht danach lechzen?

Aber was wollte das Volk schon nach zwei weiteren biblischen Exoduskapiteln?

Gulasch.

Fleischtöpfe (Schwein war damals noch ein Renner).

Na gut, das lässt sich zum Teil nachvollziehen. Wir alle mögen gern sonntags zum Mittagessen oder auch an 6 anderen Tagen der Woche ägyptisches Gulasch in der türkischen Kebab-Variante.

Aber nicht, wenn es 400 Jahre lang nichts anderes gab.

Es mag Ausnahmen geben.

Israel war eine.

Dabei fing alles ganz harmlos an.

Zunächst feierte man in der Wüste am Lagerfeuer mit Lautenklängen zu »We shall overcome« ausgiebig das Ende der Sklaverei an ägyptische Essensgewohnheiten.

Stockbrot und Wasser schmeckten süß wie Honigseim, Lieder und Tänze zu Tamburinklängen erklangen, das Wort »Schalom« wurde erfunden.

Dann, nach einigen Tagen, ließ Daniel, der Unschuldige, zufällig die unschuldige Bemerkung fallen, dass er sich noch daran erinnern könne, dass das Lammkotlett in der Gaststube »Zum Nil«, die an der Einmündung zum Nil lag, etwas billiger war als dasjenige in der Kneipe »Zur 10. Plage«.

(Dort, wo erst vor Kurzem der älteste Sohn der Wirtsfamilie, der Koch, unerklärlich plötzlich verstorben war.)

Seine Schwiegermutter Esther, die Widersprechende, widersprach aufs Heftigste.

Das sei mal wieder typisch, meinte sie. Dem Herrn

komme es nur auf seinen Geldbeutel an, an die Gesundheit seiner Familie denke er am Schluss.

Lammkotlett bei »Zur 10. Plage« sei der Inbegriff des hohen Qualitätsstandards der Ägypter in Fleischsachen gewesen.

Sie räumte ein, dass der zweite Sohn der Wirtsfamilie allerdings der bessere Koch gewesen sei. Dadurch waren der Umsatz und dann auch die Preise sprunghaft gestiegen.

(Die daraufhin erfolgte Namensänderung der Gastwirtschaft sollte an das neue Glück erinnern).

Daniel blickte seine widerborstige Schwiegermutter nicht einmal an. Er entgegnete eisern, dass selbst die billigeren Fleischspieße bei »King pharry« höheren Ansprüchen genügten, nachdem es unter den Sklaven einen gefährlichen Aufstand für mehr Qualität in den staatlichen Schnellrestaurants gegeben hatte.

Die Schwestern, Schwägerinnen und Tanten begannen sich einzumischen.

Es komme eben auf die richtige Würzmischung an.

Und sie jonglierten mit Kümmel, Basilikum und orientalischem Pfeffer.

Und über die Würzkunst des ägyptischen Gulaschs.

Und damit war das Zauberwort gefallen.

Es entbrannte ein stundenlanger Streit über die originale Würzmischung, der nicht geklärt werden konnte, da man die Köstlichkeit nun nicht mehr kosten konnte.

Die Sippen versammelten sich mit wässrigem Mund schließlich vor Mose.

Der wollte zunächst einmal wissen, was überhaupt hier los sei.

Außer »Kümmel«, »Senf« und »Gulasch« verstand er nur Ägypten.

Da er im Moment mit der Bildung des zukünftigen politischen Staates beschäftigt war, befragte er die Menge, ob es hier um mehr Freizeit ginge oder um die Einberufung von Gewerkschaftsvertretern.

Aber es ging wohl auch nicht um »Pflegeversicherung« oder »Bankenrettungsschirme«. Das Volk rief ihm entrüstet entgegen, was das alles überhaupt denn sei und dass man das alles gar nicht wolle.

Es kam zum Eklat, als er schließlich fragte: »Was wollt ihr denn?« und die Menge ihm im Rhythmus »Fleisch-tö-pfe!« antwortete.

Vor Schreck ließ er das zweitäflige Grundgesetzbuch fallen.

Er beschwor die Menge, doch an die Wundertaten des Allmächtigen zu denken, der sie mit starker Hand aus der Sklaverei errettet hatte, der vor ihnen herging in einer Wolken- und Feuersäule, um angesichts der ägyptischen gastronomischen Streitmacht das rote Meer wie frisches Kotelett zu spalten!

Er würde sie in ein gelobtes Land führen, in dem Milch und Honig und hebräisches Gulasch flossen.

Es half nichts. Nein, sie wollten wieder zurück nach Ägypten. Lieber Sklaverei und ägyptisches Gulasch. Da weiß man, was man hat.

400 Jahre lang hatten sie dagegen gejammert. Nun war alles gegessen. Nun jammerten sie wieder dafür. Freiheit gegen Schnitzel.

(Wir mögen uns fragen, wo hier ein Problem sein soll. Aber damals galten deutsche Mentalitäten schlichtweg als unmoralisch.)

Auch der unverzüglich gut organisierte Import von Wachteln, Manna und Wasser aus dem Felsen, zu dem Gott augenblicklich bereit war, bewirkte nur kurzzeitige Besserung.
Es kam zum chronischen Volksjammern.
In Ägypten sei alles viel besser gewesen. Als Sklaven hätten sie mehr von ihrer Freizeit gehabt, Mose würde in Wirklichkeit die Bildung von Gewerkschaften konsequent verhindern, die Pflegeversicherung wäre schon lange versprochen, aber sie sei noch gar nicht erfunden worden, und die seit Jahren dringend benötigten Bankenrettungsschirme seien viel zu klein bemessen.
Das kenne man doch.

Mose und Gott rauften sich die Haare.

Im Endergebnis: Wer kam ins gelobte Land?

Keiner.

Erst die Kinder der ganzen Jammergesellschaft.

Da aber nun die neue Generation das ägyptische Gulasch nicht mehr kannte, konnte sie nie mit eigener Kreation mit ihm in Konkurrenz treten. Es hätte sicherlich Weltruhm erlangt.

Nur aufgrund fehlender hebräischer Impulse konnte es darauffolgend zur türkischen Kebab-Invasion kommen.

Israel blieb nur noch das Monopol auf dem Jaffafeld der Orangen.

Dann sitzen wir am Sonntag in der Kirche oder lassen uns von unseren Kindern als Auslandsvertreter davon beim Mittagsgulasch erzählen und nicken stumm und wissend.

Wie in aller Welt kann man sich nur so kindisch verhalten wie das Volk Israel?

Bei so vielen Wundern?

Und wir schütteln verständlicherweise den Kopf über so viel menschliche Verirrung.

Dann wenden wir uns unserer Gattin zu.

Ach, übrigens, Waltraud, reich mir doch bitte mal de Kümmel, ja?

Dieter, der ist alle. Im Suppermarkt war er ausverkauft. Hab ich dir vorhin schon gesaacht.

Was? Alle? Ei, wie kann das denn sein? Im Ausland gibt's doch genuch! Ich fraach dich: Wozu is eigentlich Europa mit uns wiedervereiniischt worde?

Des is widder tüpisch Märkl. Treisisch Jahre lang Wirtschaftswunder – und was hammer jetzt defon? Kümmelkrise!

Die Märkl treibt de deutsche Staat in de Ruin (schmatz). Jedem müsse mer Euros schenke. Un wer soll des bezahle? Wart's ab, die Mehrwertsteuer gibt uns de Rest! Außerdem sin die Rettungsschirme für die Banke viel zu klein! Ei, unser Schef von unserer Filiale hat gemeint, es reicht noch net emal für de neue Marmorfußboden!

Wir wern alle verschaukelt!

Ja, Dieter, des stimmt! Wie neulich in dem Fluchzeusch, gell! Da hat es auch so geschaukelt!

So isses, mei Schätzje. Von wege Wunder der Technik!

Schund der Technik müsst mer saache!

Ach übrischens, weil du grad defon redst. Ich bin ja so froh, dass mir heut deine Schwieschermutter net eingelade habe. Ich weiß, ich weiß. Sie hat uns zwar den ganze Fluch in die Karibik bezahlt – ja, ich weiß, un auch unser riesisches Haus mit dene beide Einliegerwohnunge – ja, ich weiß es doch! Un auch des Motorboot.

Abber dann würd se heute hier sitze und die ganze Zeit rumjammern. Warum mer se net einmal im Jahr im Altersheim besuche könnte oder wenigstens dass ihre Enkel mal komme, wenigstens an ihm Geburtstach –

die ganze Zeit des Gejammer!

Mama, sach ich dann, hör doch uff, des bringt doch nix. Die Kinner sin doch voll beschäftigt mit dene neue

Kombjuder, die du dene gekauft hast. Des is doch genuch Kontakt für die. Wenn die dich auch noch besuche solle, wern die noch senil. Abber nein, die Kinner un ihr einzischer Sohn sollen doch auch mal an sie denke! Jammer, Jammer, Jammer! OhnePunktunKommagehtdesdeganzeTachDieganze-Jammereimachtmichnochganzkrank…

Da sitzen wir, lesen es, erleben es Tag für Tag an unserm Mitmenschen und schütteln verständlicherweise den Kopf. Wie kann man nur so verirrt sein. So undankbar.
Typisch Schwiegermutter.
Kein Wunder, dass sie bei so viel Rumgejammere immer stellvertretend für die schlechten Familienmitglieder herhalten muss.

Glücklicherweise betrifft uns das nicht, denn wir sind anders.
Ich zumindest.
Mir würde es nicht einmal einfallen, des Wetters wegen undankbar zu sein.
Oder ironisch.
Selbst wenn sich das Gerücht als Tatsache herausstellen sollte, dass es bestechlich ist.
Zwölf Monate April ist schließlich keine Schande.
Ich stelle mich darauf ein. Ich beginne im Juli schon mit Weihnachtseinkäufen.
Alles braucht seine Zeit zur Reife.
Auch die Erderwärmung.

Unser Land ist grün, unser Wasser überall. Es ist schön.
Seien wir dankbar.
Für die Fluchtmöglichkeiten in Wüstenparadiese.
Oder in sprichwörtlich unbestechlich griechische
Verhältnisse mit warmer Temperatur, zuverlässiger
Finanztrockenheit und wonniger Troika.
Man will uns dort. Glaube ich zumindest. Früher jedenfalls auf jeden Fall.

Ich möchte eigentlich mit alledem, sozusagen als
Moral, nur Folgendes sagen:
Treten wir aller Form der Verirrung entschlossen entgegen!
Werden wir dankbar!
Ich denke dabei weniger an das Wetter oder an unsere
Schwiegermutter, ehrlich gesagt. Auch nicht an Stockbrot und Wüstenparadiese.
Bitte lassen Sie sich von solch trivialen Beispielen, die
Sie irgendwo aufgeschnappt haben, nicht vom Kern
der Sache ablenken.

Es geht um den Busfahrer.
Und um unsere Verirrung und unsere Undankbarkeit
ihm gegenüber.

Die folgende Auslegung des biblischen Beispiels möge
ein steter Leitfaden im Poesiealbum Ihres Lebens sein.
Murren und maulen Sie nicht gegen ihn und seine
Omnipotenz.
Verstehen Sie die Leiterschaft des Mose als Sinnbild

für wahre Leiterschaft Ihres Busfahrers. Er sitzt Ihnen vor, nicht nur als Wolken- und Feuersäule. Denn an der Lenksäule dirigiert er Ihren Weg.

Er regiert und kontrolliert beständig den Eingang zum gelobten Land, den Linienbus.

Vergessen Sie Ägypten und sein Gulasch.

Das soll eine Ermahnung sein: Vergessen Sie Ihren Audi DD, Ihren 2987er BMW, Ihr Maybächlein und Ihren Barkas B-1000. Bewegen Sie vielmehr Ihr Leben in der Besinnung auf wahre Umweltwerte.

Steigen Sie in ein Verkehrsmittel, das bereits den Ozean überquerte und Amerika entdeckte.

Kolumbus.

Singen Sie mit anderen Fahrgästen: »We shall over-drive« und folgen Sie den Weisen der alttestamentlichen Heiligen: »Denn sie fuhren beständig darin fort.«

Sie haben im vorhergenenden Kapitel gelesen, dass der Busfahrer Sie versorgen wird.

Er, der mit schier unermesslich multiplen Fähigkeiten ausgestattet ist oder sich diese Fähigkeiten aneignen musste.

Er dachte dabei allein an Sie und seinen Chef.

Ich würde deshalb natürlich niemals und in keiner Weise mir anmaßen zu behaupten, dass er mit alledem etwas – na ja, sagen wir »Göttliches« besitzt.

Obwohl.

Zuweilen bin ich mir nicht ganz sicher.
In manchen Momenten scheinen manche erfahrene Menschen dieser Welt auszusprechen, was sie in sonst zurückhaltender Ehrfurcht in meinen Kollegen und mir sehen.

Neulich zum Beispiel überfuhr ich am Zebrastreifen beinahe eine ältere Dame.
Nach einer kurzen Weile hatte ich natürlich ein schlechtes Gewissen.
Es entfuhr mir ein aufrichtiges »Hoppla!«.
Daraufhin wurde ich mit überraschender Ehrerbietung beschenkt.
Sie kroch unter dem Rad hervor, rappelte sich auf, sichtlich erschüttert, körperlich und psychisch im wahrsten Sinne des Wortes bewegt, schaute mich mit sehr, sehr großen Augen an, schlug die Hände über dem Kopf zusammen und rief mit schriller Stimme aus, was seither tief in mein Herz eingebrannt ist:

»Mein Gott, der Busfahrer!«